校勘學

錢玄 著

鳳凰出版社

圖書在版編目（CIP）數據

校勘學 / 錢玄著. -- 南京 : 鳳凰出版社, 2019.12
ISBN 978-7-5506-3040-6

Ⅰ. ①校… Ⅱ. ①錢… Ⅲ. ①校勘學 Ⅳ. ①G256.3

中國版本圖書館CIP數據核字(2019)第296563號

書　　名	校勘學
著　　者	錢　玄
責任編輯	韓鳳冉　馬奔嘯
出版發行	鳳凰出版社(原江蘇古籍出版社) 發行部電話025-83223462
出版社地址	南京市中央路165號,郵編:210009
出版社網址	http://www.fhcbs.com
照　　排	南京凱建圖文製作有限公司
印　　刷	江蘇鳳凰鹽城印刷有限公司 江蘇省鹽城市純化路29號,郵編:224001
開　　本	850×1168毫米　1/32
印　　張	6.875
字　　數	143千字
版　　次	2019年12月第1版　2019年12月第1次印刷
標準書號	ISBN 978-7-5506-3040-6
定　　價	45.00圓

(本書凡印裝錯誤可向承印廠調換,電話:0515-88153008)

錢玄先生 像

目　录

緒　言

校勘，是指用精密的方法、確鑿的證據，校正古書中由於抄寫或翻刻等原因而産生的字句、篇章等錯誤。這是整理古籍過程中十分重要的一項工作，也是查閲古籍的人必須具有的基本功。

校勘學，是研究有關校勘問題——如校勘的對象、校勘方法、校勘史等——的一門學科。它應該屬於文獻學的一門學科，因爲它是以古文獻爲研究對象的。它跟文字學、訓詁學、音韻學等都有密切的關係，校勘需要綜合運用這些學科的知識、理論來進行工作，所以校勘學是一門綜合的、應用性的學科。

校勘最早稱“校”，或稱“校讎”。劉向在他所著的《别録》中，經常把“校”和“校讎”同時互用。如：

(1) 漢劉向《晏子書録》:“所校中書《晏子》十一篇，臣向謹與長社尉臣參校讎太史書五篇。”①

(2)《孫卿書書録》:“所校讎中《孫卿書》凡三百二十二篇，以相校除複重二百九十篇，定著三十二篇。”②

---

①② 姚振宗:《别録佚文》,《師石山房叢書》本。

劉向對“校讎”這個詞有個解釋：

(3)《文選·魏都賦》李善注：“《風俗通》曰：按劉向《别録》：‘讎校，一人讀書，校其上下，得謬誤，爲校；一人持本，一人讀書，若怨家相對。’”[①] 按，“相對”下應脱“爲讎”二字。

《太平御覽》六一八，也引劉向《别録》，略有不同。李善注引作“一人讀書”，《太平御覽》引作“一人讀析”。[②] “析”字在這裏不好講，疑是“札”字之誤。札，指竹簡、木牘。劉向以爲：一個人讀書，從本書的上下文而校正錯誤，這叫校；兩個人對校，一個拿著書，看着、聽着，另一個拿另一種本子讀，發現兩種本子有不同，就校正錯誤，這叫讎。在古書中“校”和“讎”常常是通用或連用。

“校”的本義，據《説文》：“校，木囚也。”即今之木枷。校正、校讎的意義是它的借義。據陸德明《經典釋文》在《周禮·夏官·校人》下云：“若從手旁作，是比較之字耳。”那末陸德明認爲校正、校讎的“校”應作“挍”。但是《説文》無“挍”字，古書中也均用“校”字。“勘”字《説文》未收，《説文新附》：“勘，校也。”《玉篇》：“勘，覆定也。”勘亦即刊字。《説文》：“刊，剟也。”是削的意思。古書寫在竹簡上，寫錯則用刀削去後改正。所以《玉篇》：“刊，削也，定也，除也。”列了三個義項。校勘二字連用成爲一個雙音詞，産生較後一些，可能六朝時才有。

---

① 蕭統編，李善注：《文選》，中華書局 1977 年版，第 106 頁。

② 李昉等：《太平御覽》，中華書局 1960 年版，第 2776 頁。

(4) 南朝宋沈約《上言宜校勘譜籍》:"宜選史傳學士諳究流品者爲左民郎、左民尚書,專供校勘。"[①]

(5) 宋歐陽修《書春秋繁露後》:"予在館中校勘群書,見有八十餘篇,然多錯亂重複。"[②]

以後常沿用"校勘"一詞,但"校讎"這個詞也還用。

校讎這個概念,從來有廣義和狹義兩種理解。西漢劉向、劉歆父子從事校讎工作,涉及面很廣,除了校正字句錯誤外,還包括定書名,編目録,辨真僞,輯佚文等。這是確定了廣義校讎的範圍。後來宋代鄭樵《通志·校讎略》,清代章學誠《校讎通義》,近人張舜徽《廣校讎略》等所講的内容,基本上都屬於廣義校讎。至於一般專指校正古籍中字句錯誤的工作,是屬於狹義的一類。此後爲了使概念的内涵明確,凡屬於廣義的稱校讎,也稱文獻學,屬於狹義的稱校勘。這個辦法是可取的。現在一般人也都照這樣用了。本書所講的校勘學,是指狹義的。

古諺説:"書三寫,魚成魯,帝成虎。"(見《抱朴子内篇·遐覽篇》)古書中有誤字、脱文、衍文等,早在先秦就有這種情況。如《春秋·桓公十四年》:"夏五,鄭伯使其弟語來盟。"《公羊傳》云:"夏五者何?無聞焉爾。"[③]照《春秋》常例,應該説"夏五月",下

---

① 嚴可均:《全上古三代秦漢三國六朝文·全梁文》,中華書局1958年版,總第3110頁。

② 《歐陽文忠公集》,商務印書館《四部叢刊》本,《外集》卷二十三,第4頁。

③ 阮元:《十三經注疏》,中華書局1980年版,第2221頁。

面加上干支記日，然後接上説"鄭伯使其弟語來盟"。現在只有"夏五"，下面有闕文，所以《公羊傳》説"無聞"，即不知道。可見《春秋》上的闕文，早在《公羊傳》之前。又如《吕氏春秋·察傳》："子夏之晉，過衛，有讀史記者，曰：'晉師三豕涉河。'子夏曰：'非也。是己亥也。夫己與三相近，豕與亥相似。'至於晉而問之，則曰'晉師己亥涉河'也。"①"己亥"誤爲"三豕"是很可能的事實。"己"字缺兩短豎，就誤爲"三"字。"亥"與"豕"的古文相同，《説文》也説"古文亥爲豕，與豕同"。

到西漢時期，由於秦時焚書，漢初的書多出自壁中，竹簡斷損，帛書爛缺，脱漏、錯誤，更爲嚴重。劉向的《别録》及《漢書·藝文志》裏，都反映出這種情況。

(6) 劉向《晏子書録》："中書以'夭'爲'芳'，'又'爲'備'，'先'爲'牛'，'章'爲'長'，如此類者多。"② 按"中書"，據《漢書·藝文志》顔師古注："中，天子之書也，言中以别外。""中書"指宫中秘府所藏之書。

(7)《列子書録》："章亂布在諸篇中，或字誤：以'盡'爲'進'，以'賢'爲'形'，如此者衆。"③

這裏有的由於形近而誤，如以"先"爲"牛"；有的由於聲近而誤，如以"章"爲"長"、以"盡"爲"進"等。至於脱字更多。如：

---

① 陳奇猷：《吕氏春秋校釋》，學林出版社1984年版，第1527頁。

②③ 姚振宗：《别録佚文》，《師石山房叢書》本。

(8)《漢書·藝文志》:"劉向以中古文校歐陽,大小夏侯三家經文。《酒誥》脱簡一,《召誥》脱簡二。率簡二十五字者,脱亦二十五字;簡二十二字者,脱亦二十二字;文字異者七百有餘,脱字數十。"①

以上例子是説西漢的情況,後來因爲字體變化,輾轉翻刊,所以書中的錯誤,更爲嚴重。下面以兩本常讀書爲例,并舉一些數字來説明嚴重的程度。

(9) 阮元《禮記注疏校勘記序》:"此《禮記》七十卷本,出於吴中吴泰來家。乾隆間,惠棟用以校汲古閣本,識之云:訛字四千七百有四,脱字一千一百四十有五,闕文二千二百一十有七,文字異者二千六百二十有五,羨文九百七十有一。"②

《禮記》從來是官定的經典,過去讀書人都要讀。上述《禮記》七十卷本是宋刻本,汲古閣本是清初刻本,兩個本子相去僅四百多年,而汲古閣本的錯誤竟如此之多,真是想不到的。其他不屬於經典之類的書,其錯誤更多,無庸説了。

又如《通鑒》也是常讀的書。近人章鈺用宋刻本九種校清胡克家翻刻本,書中的錯誤也是驚人的。

---

① 王先謙:《漢書補注》,中華書局版,第 869 頁。
② 阮元:《十三經注疏》,中華書局版,第 1227 頁。

(10) 章鈺《胡刻通鑒正文校宋記述略》:"辜較二百九十四卷中,脱、誤、衍、倒四者,蓋在萬字以上,内脱文五千二百餘字,關係史事爲尤大。"[①]

這確乎是"關係尤大"。一句中錯一個字,尚且會産生完全相反的意思。現在一本書的錯誤以千萬計,脱文有幾千字,那真是滿目瘡痍,不能卒讀。小則文句不順,張冠李戴;大則是非顛倒,黑白混淆。

以上説的都是宋以後的刻本上的錯誤。那末宋代及宋以前的刻本,是不是好一些呢?事實并不是這樣,錯誤同樣是嚴重的。這裏舉一個例子。宋時楊文昌曾用九種《論衡》舊本互校。楊在他的《論衡序》裏説,改正了一萬一千二百五十九字。[②] 再舉一例:宋洪邁《容齋四筆》卷二云:"因記曾紘所書陶淵明《讀山海經》詩云:'形夭無千歲,猛志固常在。'疑上下文義若不貫,遂取《山海經》參校,則云:'刑天,獸名也。口中銜干戚而舞。'乃知是'刑天舞干戚',故與下句相應,五字皆訛。"[③]一首詩中,有一句五字皆誤,其錯誤嚴重竟至於此。可見宋刻及宋以前舊刻,均不宜迷信。

爲什麽古籍中錯誤這樣多?原因是多方面的。

① 司馬光編,胡三省音注:《資治通鑒》,中華書局 1956 年版,第 8 頁。
② 劉盼遂:《論衡集解》,古籍出版社 1957 年版,附録第 597 頁。
③ 洪邁:《容齋隨筆·四筆》,掃葉山房版,第 4 頁。

(11) 孫詒讓《札迻》自叙中説:嘗謂秦漢文籍,誼旨奥博,字例文例,多與後世殊異,如荀卿書之"案",墨翟書之"唯毋",晏子書之以"敚"爲"對",淮南王書以"士"爲"武",劉向書以"能"爲"而",驟讀之幾不能通其語。復以竹帛梨棗,鈔刊婁易,則有三代文字之通假,有秦漢篆隸之變遷,有魏晉正草之混淆,有六朝唐人俗書之流失,有宋元明校槧之羼改。逵徑百出,多岐亡羊,非覃思精勘,深究本原,未易得其正也。[①]

孫氏從歷史角度,歸納了古書中字句等錯誤的原因,有由於不明古書用詞、文例而誤改的,有由於不識古字、草書、俗字而誤的,有由於傳抄翻刻而誤的,總之原因很多。王念孫也曾概括古書致誤的原因。他説:"推其致誤之由,則傳寫訛脱者半,憑意妄改者半。"[②]傳寫訛脱是無心之誤;憑意妄改是有心之誤。

校勘古書必須正確運用校勘的方法,辨别是非,改正錯誤,决不能粗心大意,更不能憑意妄改;不然則古書中的錯誤將愈改愈多,或者舊的錯誤改掉了一些,而新的錯誤又産生了。那末正如宋人宋弁所説:"校書如掃塵,隨掃隨有。"[③]最近,吴金華《新版〈三國志〉校記》一文,提到中華書局新版標點本《三國志》,就有"隨掃隨有"的誤文情况。

---

① 孫詒讓:《札迻》,光緒籀廎本,第 3 頁。
② 王念孫:《讀書雜志》,江蘇古籍出版社 1985 年版,第 962 頁。
③ 朱弁:《曲洧舊聞》,商務印書館《叢書集成》本,卷四第 32 頁。

(12) 中華書局標點本《三國志》自 1959 年 12 月發行第一版,至 1975 年 4 月已印刷六次。1982 年 7 月出了第二版(簡稱新版本),對於第一版中的校點疏誤有所補正。然而,遺憾的是,新版本不僅没有掃清第一版中爲數不多的印刷錯誤,反而在這方面出現了更多的毛病。以下就我翻檢所及,列舉三十二條,供讀者和出版者校正。①

文中所舉的三十二條,五條是沿第一版之誤而未改的,其餘二十七條都是新增的錯誤。這三十二條,極大部分是形近而誤。如:

土誤作士　　己誤作已　　日誤作曰
賊誤作敗　　子誤作字　　即誤作既
拖誤作施　　典誤作曲

這些錯誤,只要在校對時注意一些,完全可以避免的。我們爲了發揚祖國的文化,整理古籍,就應該以高度認真負責的精神,科學的態度,把好校勘第一關。這不能看作一字一句間的小事,而是研究祖國文化,振興中華的千秋大業。

① 吴金華:《新版〈三國志〉校記》,南京師範大學《文教資料簡報》1985 年第 2 期。

第一章　字句校勘

字句校勘爲校勘古書中的一項主要工作。古書中錯誤最多的是字句的錯誤。所謂字句錯誤，概括言之爲四大類：誤字、衍文、脱文、倒置。如果細加分析，則每類有各種不同的情況。清代訓詁學家王念孫著《讀書雜志》，對《淮南子》内篇，訂正了九百餘條字句的錯誤。從這九百餘條錯誤中歸納“致誤之由”，凡得六十二例。① 這六十二例是王氏校勘古書字句錯誤的總結，是校勘學中一份具有規律性的總結資料。現在抄録六十二例的條目於下：

一、因字不習見而誤者

二、因假借之字而誤者

三、因古字而誤者

四、因隸書而誤者

五、因草書而誤者

六、因俗書而誤者

七、因兩字誤爲一字者

八、誤字與本字并存者

九、校者旁記之字而闌入正文者

---

① 王念孫：《讀書雜志》，第 962 頁。

十、衍至數字者
十一、脱數字至十數字者
十二、誤而兼脱者
十三、正文誤入注者
十四、注文誤入正文者
十五、錯簡者
十六、因誤而致誤者
十七、不審文義而妄改者
十八、因字不習見而妄改者
十九、不識假借之字而妄改者
二十、不審文義而妄加者
二十一、不識假借之字而妄加者
二十二、妄加字而失其句讀者
二十三、妄加數字至二十餘字者
二十四、不審文義而妄删者
二十五、不識假借之字而妄删者
二十六、不識假借之字而顛倒其文者
二十七、失其句讀而妄移注文者
二十八、既誤而又妄改者
二十九、因誤字而誤改者
三十、既誤而又妄加者
三十一、既誤而又妄删者
三十二、既脱而又妄加者
三十三、既脱而又妄删者

三十四、既衍而又妄加者

三十五、既衍而又妄删者

三十六、既誤而又改注文者

三十七、既誤而又增注文者

三十八、既誤而又移注文者

三十九、既改而又改注文者

四十、既改而復增注文者

四十一、既改而復删注文者

四十二、既脱且誤而妄增者

四十三、既誤且改而又改注文者

四十四、既誤且衍而又妄加注釋者

四十五、因字誤而失其韻者

四十六、因字脱而失其韻者

四十七、因字倒而失其韻者

四十八、因倒句而失其韻者

四十九、句倒而又移注文者

五十、錯簡而失其韻者

五十一、改字而失其韻者

五十二、改字以合韻而實非韻者

五十三、改字以合韻而反失其韻者

五十四、改字而失韻又改注文者

五十五、改字而失其韻又删注文者

五十六、加字而失其韻者

五十七、句讀誤而又加字以失其韻者

五十八、既誤且脱而失其韻者

五十九、既誤且倒而失其韻者

六十、既誤且改而失其韻者

六十一、既誤而又加字以失其韻者

六十二、既脱而又加字以失其韻者

以上六十二例,大致可以分爲四種情況:1. 從一至十六,是由於抄寫者不慎而誤者;2. 從十七至二十七,是由於不識古字、不審文義而妄改致誤者;3. 從二十八至四十四,是原誤而妄改,所謂以誤改誤;4. 從四十五至六十二,是不明古音而誤者。

這裏限於篇幅,不可能按照王氏這個細目,逐項舉例説明,只能按誤字、衍文、脱文、倒置四大類舉例,并隨例説明致誤的原因。

第一節 誤 字

一 形近而誤

形近而誤有許多原因,有的是由於不識古字而誤的。如:

(1)《墨子·所染》:"晉文染於舅犯高偃。"

王念孫《讀書雜志·墨子第一》:"畢(畢沅)云:'高偃未詳。《吕氏春秋》高作郤,疑當爲郤,晉有郤氏。'念孫案:高當爲䧟,䧟即城郭之郭,形與高相近,因誤爲高。(原注:賈子《過秦論》'據億丈之䧟',今本䧟訛爲高。)《墨子》多古字,後人不識，故傳寫多誤耳。《左傳》晉大夫卜偃，《晉語》作郭偃。（韋注曰：郭偃，晉大夫卜偃也。）《商子・更法篇》《韓子・南面篇》并與《晉語》同。《吕氏春秋》作郤偃，郤即郭之訛，非郤氏之郤也。《太平御覽・道部一》引《吕氏春秋》正作郭偃。”

（2）《墨子・備蛾傳》：“敢問適（敵）人强弱，遂以傅城，後上先斷，以爲沽程。”

王念孫《讀書雜志・墨子第五》：“畢（畢沅）云：沽字未詳。念孫案：沽者法之誤耳。言敵人蛾附登城，後上者則斷之，以此爲法程也。（原注：《吕氏春秋・慎行篇》曰：後世以爲法程。《説苑・至公篇》曰：犯國法程。《漢書・賈誼傳》曰：後可以爲萬世法程。）篆書去字作，缶作，兩形相似。隸書去作去，缶作缶，亦相似，故從去從缶之字傳寫多誤。”①

（3）《墨子・尚賢上》：“雖在農與工肆之人，莫不競勸而尚意。”

孫詒讓《墨子閒詁》卷二：“意疑爲悳，形近而訛。悳正字，德假借字。”②　按《説文・心部》：“悳，外得於人，内得於己也。從直從心。”《説文・彳部》：“德，升也。”是道德之本字爲悳，後常用德字，爲通借字。此因不識悳字而誤爲意字。

① 王念孫：《讀書雜志》，例（1）第560頁，例（2）第619頁。
② 孫詒讓：《墨子閒詁》，中華書局1954年版，第28頁。

(4)《史記·五帝本紀》:"高辛生而神靈,自言其名。"張守節正義:"《帝王紀》云:'帝佶高辛,姬姓也。其母生見其神異,自言其名曰岌。"

吴忠匡《史記中華書局點校本訂誤》:"案:南宋淳熙三年張杅桐川郡齋本作'自言其名曰夋',與索隱本、《初學記》引《帝王紀》同,它本作岌者,蓋形近致誤。又夋同夋,上文'帝嚳高辛者'句下索隱引皇甫謐云'帝嚳名夋也'可證。"[①]按岌字誤,應改作夋。《説文·山部》:"陵,高也。峻,陵或省。'夋爲陵、峻之異體。校者不識夋字。因誤作岌。

有的由於不識隸書、俗字、簡筆字而誤改的。如:

(5)《廣雅·釋詁》:"乎,極也。"

王念孫《廣雅疏證》卷一:"乎訓爲極,義無所取。蓋卒字之誤。卒隸或作卆,因誤而爲乎。凡從卒之字,亦有誤爲乎者。《士冠禮》注云:'古文啐爲呼。'是也。《爾雅》:'卒,終也。'窮、卒、終三字相承,皆極之義也。"

(6)《廣雅·釋詁》:"皖,竟也。"

王念孫《廣雅疏證》卷三:"皖,各本皆作皃。皖字俗書作皖,因訛爲皃,惟影宋本不訛。《説文》:'皖,竟也。'皖、

① 吴忠匡:《史記中華書局點校本訂誤》,《文史》第七輯,中華書局1979年。

疆、竟，古聲并相近。”①

(7)《淮南子·原道》：“是故鞭噬狗，策蹄馬，而欲教之，雖伊尹、造父弗能化。欲寅之心亡於中，則飢虎可尾，何况狗馬之類乎?”

王念孫《讀書雜志·淮南内篇第一》：“欲寅之心，寅當爲宍，字之誤也。宍與肉同，欲肉者，欲食肉也。諸本及莊本皆作‘欲害之心’，害亦宍之誤。《文子·道原篇》亦誤作害。劉績注云：古肉字。則劉本作宍可知，而今本亦作害，蓋世人多見害，少見宍，故傳寫皆誤也。”②　按宍爲肉之俗字，見《干禄字書》及《廣韻》。《墨子·迎敵祠》：“狗彘豚雞食其宍。”用此字。

陳垣《元典章校補釋例》有“不諳元時簡筆字而誤例”，云：“元刻《元典章》簡筆字最多，後來傳抄者或改正，或仍舊，各本不同。惟沈刻則大率改正，間有不知爲簡筆而誤爲他字者。”陳氏在書中舉“無”字例甚詳。按《説文·亡部》：“𣞣，亡也。無，奇字。”後來“无”常用作“無”之簡筆字，如《易經》用“无”字。元刻本《元典章》“無”字均作“无”，而後來的沈氏刻本均誤作“元”字。如“无圖小人”，无圖是无賴的意思，沈刻本誤作“元圖小人”，就不知所云了。再由於“无”誤作“元”，沈刻本又把“元”誤改作

① 王念孫：《廣雅疏證》，江蘇古籍出版社 1984 年版，例(5)第 19 頁，例(6)第 74 頁。

② 王念孫：《讀書雜志》，第 765 頁。

“原”。如“若无文案者似難追究”，沈刻本誤作“若原文案者似難追究”，與原來的意思大有出入。再由於“无”誤作“元”，而又由“元”誤作“員”字者，因元、員兩字音近的緣故。又元刻本“撫州”作“抚州”，沈刻本竟誤作“杭州”。甲誤爲乙，乙又誤爲丙，一誤再誤，與原文相去愈遠，如無善本對校，根本無法校正。[①]

也有僅因兩字形近而誤者，其例更多，古書中觸目皆是。如：

(8)《老子》十五章：“儼兮其若客，涣兮若冰之將釋，敦兮其若樸。”

朱謙之《老子校釋》：“河上公作‘儼兮其若客’，王弼作‘儼兮其若容’。案‘客’字與下文釋、樸、穀、渙等四字爲韻，作‘容’者非也。” 按帛書《老子》甲乙本均作“客”。[②]

(9)《管子・法禁》：“聚徒威群。”

《管子集校》：“洪頤煊云：‘威群當作成群。下文云：常反上之法制，以成群於國。《法法篇》：則人臣黨而成群。其證也。’維遹按：‘洪説是也。《荀子・宥坐篇》亦有聚徒成群語。’”[③]

(10)《管子・小匡》：“若不生得，是君與寡君賊比也，

---

① 陳垣：《校勘學釋例》（即《元典章校補釋例》），中華書局 1959 年版，第 55 頁。

② 朱謙之：《老子校釋》，中華書局 1984 年版，第 59 頁。又《馬王堆漢墓出土老子釋文》，載《文物》1974 年 11 期。

③ 郭沫若等：《管子集校》，科學出版社 1956 年版，第 216 頁。

非弊邑之君所謂也。"

王念孫《讀書雜志・管子第四》:"念孫按:謂當爲請,字之誤也。《左傳正義》引作'非弊邑之所請也'。《齊語》作'若不生得以戮於群臣,猶未得請也'。上文請字凡五見,皆其證。"①

(11)《荀子・君道篇》:"便嬖左右者,人主所以窺遠收衆之門户牖向也。"

蔣禮鴻《義府續貂》:"收衆當作牧衆,字之誤也。《韓詩外傳》六:'王者必立牧方二人,使窺遠牧衆也。'又曰:'故牧者,所以開四目,通四聰也。'《外傳》之'窺遠牧衆',即《荀子》之'窺遠牧衆'甚明。《方言》十二:'牧,察也。'《白虎通・封公侯篇》:'使大夫往來視諸侯,故謂之牧。'然則牧有視察之義,故與窺爲對。"②

(12)《史記・秦始皇本紀》:"常以十倍之地,百萬之衆,叩關而攻秦。"

張文虎《校刊史記集解索隱正義札記》卷一:"叩關,《陳涉世家》作'仰關',與《新書》《漢書》合。蓋本作'卬',形近訛爲叩。《文選》同。"

(13)《史記・項羽本紀》:"毋從俱死也。"

張文虎《校刊史記集解索隱正義札記》卷一:"《雜志》云:'從'當爲'徒'。《漢書》作'特',蘇林曰:'特,但也。'特、

① 王念孫:《讀書雜志》,第443頁。
② 蔣禮鴻:《義府續貂》,中華書局1981年版,第106頁。

但、徒一聲之轉。”①

(14)《史記·魏世家》:“韓亡,秦有鄭地,與大梁鄴。”

索隱云:“《戰國策》鄴作鄰字爲得。”

按索隱説是。帛書《戰國縱横家書·朱己謂魏王章》作“與大梁鄰。”②

(15)《漢書·高祖紀上》:“懷王諸老將皆曰項羽爲人慓悍禍賊。”

《漢書補注·高祖紀上》:“顔師古注:‘慓,疾也。悍,勇也。禍賊者,好爲禍害而殘賊也。’王念孫云:‘禍賊當從《史記》作猾賊。《一切經音義》一引《三倉》云:猾,黠惡也。《酷吏傳》寧成猾賊任威是也。猾賊與慓悍義相承,禍賊則非其義矣。’”③

(16)《文選》司馬相如《上林賦》:“柔橈嫚嫚。”

胡紹煐《文選箋證》卷十:“善(嫚)音於圓切,則本作嬽嬽,與《漢書》同。《史記》亦作嬽,徐廣音娟。索隱引《廣雅》‘嬛嬛,容也’。今《廣雅》作嬽嬽,是其證。《説文》:‘嬽,好也。’此作嫚,蓋後人所改。” 按黄季剛《評點昭明文選》中

① 張文虎:《校刊史記集解索隱正義札記》,中華書局1977年版,例(12)第78頁,例(13)第82頁。

② 司馬遷:《史記》,中華書局1959年版,第1857頁。又《馬王堆漢墓帛書:戰國縱横家書》,文物出版社1976年版,第58頁。

③ 王先謙:《漢書補注》,第33頁。

亦云此“嫚”字當爲“嫚”。[1]

(17)《説文》人部:“偶,桐人也。”

錢大昕《十駕齋養新録》卷四:“桐當作相。《中庸》:‘仁者人也。’鄭康成讀如相人偶之人。《儀禮》注屢言相人偶。(自注:惠氏《九經古義》、臧氏《經義雜記》援引詳矣。)此其證也。吴明經淩雲云:‘舊板《玉篇》:偶,相人也。今本相作桐,蓋好事者依今《説文》輒改。’又鮑彪注《戰國策》全據《説文》爲訓,其注《齊策》亦云:‘偶,相人也。’是鮑所見《説文》猶作相字。”[2]

(18)《廣雅·釋訓》:“夏夏,行也。”

王念孫《廣雅疏證》卷六上:“諸書皆無夏夏之文。夏夏,當作夓夓,字之誤也。《説文》:‘夓,和之行也。’引《商頌·長發篇》:‘布政夓夓。’今本作‘敷政優優’。”[3]

(19)《顔氏家訓·書證》:“《後漢書》:酷吏樊曄爲天水郡守,凉州爲之歌曰:‘寧見乳虎穴,不入冀府寺。’而江南書本‘穴’皆誤作‘六’。學士因循,迷而不寤。夫虎豹穴居,事之較者;所以班超云:‘不探虎穴,安得虎子?’寧當論其六七耶?”[4]

---

① 胡少煐:《文選箋證》,聚學軒叢書本,卷十,第26頁。又《黄季剛先生遺書》,臺灣石門圖書公司1980年版。

② 錢大昕:《十駕齋養新録》,中華書局1936年版,第68頁。

③ 王念孫:《廣雅疏證》,第182頁下。

④ 顔之推撰,王利器集解:《顔氏家訓集解》,上海古籍出版社1980年版,第424頁。

(20) 毛晉刻趙長卿《惜香樂府》卷九《念奴嬌·上張南豐生日》:“板懷玉燕,此時嘉夢重育。”

“板”當作“投”,字之誤也。“投懷玉燕”係用張説典故。五代後周王仁裕《開元天寶遺事·夢玉燕投懷》云:“張説母夢有一玉燕自東南飛來,投入懷中,而有孕,生説,果爲宰相,其至貴之祥也。”此蓋趙詞所本。①

形近而誤是古書最常見的情況,上文曾提陶淵明《讀山海經》詩有一個本子一句五字全誤,都是由於形近而誤。黄季剛先生《量守廬群書箋識》中校《吕氏春秋》高誘注,有一條注文僅七字,竟誤了五字,也是由於形近而誤。

(21)《吕氏春秋·適音篇》:“太小則志嫌,以嫌聽小,則耳不充。”高誘注:“嫌聽譬自嫌之嫌。”

黄氏《箋識》:“‘嫌聽譬自嫌之嫌’七字,當作‘嫌讀羣公慊之慊’。《公羊文十三年傳》:‘羣公廪。’此何休本也。《詩·采薇》正義引《易》‘爲其慊于無陽也。’鄭玄注:‘慊,讀如羣公溓之溓。古書篆作立心,與水相近,讀者失之,故作慊。慊,雜也。’此鄭所見本也。高氏所見略與鄭同。而溓字則作慊,慊義則訓約,與何、鄭訓雜又異。其所注《吕覽》《淮南》兩引此文,而今本皆誤不可曉。《淮南·原道》:‘不以慊爲悲。’注云:‘慊,約也。慊讀辟向慊之慊。’詳此句上

① 南京師範大學《文教資料簡報》1986年3期。

文有云：'不以廉爲悲。'注云：'廉，猶儉也。'是儉與廉義同，約與儉義同。'辟向慊'者，則'群公慊'之誤也。羣字或作君旁羊，故與辟形近；公字與向形近；慊者，則鄭君所云篆作立心與水相近者也。《吕覽》此文之嫌，與《淮南》之廉同義，故高氏亦以《公羊》説之。聽者，讀之誤，又緣文有聽字，愈易溷訛；譬者，先訛羣作辟，後加言作譬；自爲公之訛，猶向爲公之訛；緣正文有嫌字耳。此條訛文，蓋仰思兩晝夜而得之，校理舊文，亦何容易乎？"①

按黄先生這一條不僅校正了《吕氏春秋·適音篇》高誘注中五個錯字，同時還解決了另外兩個問題：1.《公羊傳·文十三年》"羣公廩"有三個不同的本子：何休所見本作"廩"，鄭玄所見本作"溓"，高誘所見本作"慊"。2.《淮南子·原道》高誘注"慊讀辟向慊之慊"，應作"慊讀羣公慊之慊"，校正二字。博學如黄氏，校此條竟費兩晝夜，才得正其誤。可見校勘之事，非深思熟慮，不能有所得。

二　音同、音近而誤

先秦古籍中，同音通借特别多，兩漢著述裏通借字也不少。同音通借與音同音近而字誤，這兩種情況，實在很難區别。如下邊兩個例子，有人説是由於聲近而誤，有人説是通借字：

① 黄侃箋識，黄焯編：《量守廬群書箋識》，武漢大學出版社 1985 年版，第 390 頁。

(22)《禮記·昏義》:“爲后服資衰,服母之義也。”

鄭玄注:“資當爲齊,聲之誤也。”《釋文》:“資依注作齊,音諮。注又作齋者同。”阮元《校勘記》云:“按依《説文》當作齋,從衣,齊聲。經傳多假齊爲之,資亦假借字。古音次聲、齊聲同部也。”①

依鄭玄説,“資”應作“齊”,是由於音近而誤。阮元認爲“資”是通借字,不能算誤字。兩人説法不同。

(23)《漢書·武帝紀》:“擇兵振旅。”

王先謙《漢書補注》:“擇當爲釋,字之誤也。……古書釋、澤通作釋,擇不通作,因形近致訛耳。” 按釋、擇兩字既爲形近,又爲音近。

楊樹達《漢書窺管》卷一:“凡同聲類之字皆可通作。擇、釋同從睪聲,自可通作,王説非。”②

其實不能一概而論,有些過去無通借用例的,應看作音近而誤,加以校正。如:

(24)《墨子·兼愛下》:“提挈妻子,而寄托之,不識於兼之有是乎,於别之有是乎?”

---

① 阮元:《十三經注疏》,第1685頁。

② 楊樹達:《漢書窺管》,上海古籍出版社1984年版,第57頁。

孫詒讓《墨子閒詁》引戴望云:"'有'字皆'友'之聲誤。"①

按"兼之友",指主張兼愛的朋友;"别之友"指不主張兼愛的朋友。上文"必爲其友之身,若其身,爲其友之親,若其親",諸"友"均用本字,不作"有"。則"兼之有"、"别之有"之"有"字,應視爲音近而誤,戴説是。又如:

(25)《賈誼新書·過秦論下》:"其交未親,其名未附。"

陶鴻慶《讀諸子札記》十:"名當爲民,二字聲近,又涉下'名曰亡秦'而誤也。《史記》作'其下未附',文異而義同。"②

按陶説是。名借作民,未見用例,應看作二字聲近而誤。

從漢以後,在經史和文集裏,通借字要少得多,即使用通借字,都是前人常用的通借字,這些通借字,基本上已成通用字。像下邊舉的一些例子,顯然都是由於音同、音近而誤的字,不能看作通借字。

(26)《舊唐書·代宗紀》:"大曆二年正月甲子,以兵部侍郎張仲光爲華州刺史、潼關防禦史。"(中華書局 1975 年

① 孫詒讓:《墨子閒詁》,第 76 頁。
② 陶鴻慶:《讀諸子札記》,中華書局 1959 年版,第 297 頁。

版，第 285 頁）

“仲”是“重”之誤。《舊唐書》卷一二〇《郭子儀傳》：“因兵部侍郎張重光宣慰回，附章論奏曰……代宗省表。”卷十一《代宗紀》：“（大曆三年九月）庚寅，以前華州刺史張重光爲尚書左丞。”《文苑英華》卷三八《中書制誥》六《南省》一《左右丞》常袞《授張重光尚書左丞制》：“銀青光禄大夫、前華州刺史、兼御史大夫、充鎮國軍及潼關防禦等使、上柱國、清河縣開國侯張重光……可行尚書左丞。”

（27）《舊唐書·敬宗紀》：“（寶曆二年十二月）辛丑，帝夜獵還宫，與中官劉克明、田務成、許文瑞，打球軍將蘇佐明、王嘉憲、石定寬等二十八人飲酒。”（第 522 頁）

“成”是“澄”之誤。《太平御覽》卷一一四《皇王部》三九《敬宗昭愍皇帝》引《唐書》：“（寶曆二年）十二月辛丑，帝夜獵還宫，與中官劉克明、田務澄、許文瑞，打球軍將蘇佐明、王嘉憲、石定寬等飲酒……”《資治通鑒》卷二四三《唐紀》五九：“（寶曆二年）十二月辛丑，上夜獵還宫，與宦官劉克明、田務澄、許文瑞及擊球軍將蘇佐明、王嘉憲、石從寬、閻惟直等二十八人飲酒。”《新唐書》卷二〇八《宦者傳》下《劉克明傳》：“帝獵夜還，與克明、田務澄、許文瑞、石定寬、蘇佐明、王嘉憲、閻惟直等二十有八人群飲。”

（28）《舊唐書·高宗紀下》：“帝崩於真觀殿。”（第 112 頁）

“真”是“貞”之誤。《太平御覽》卷一一〇《皇王部》三十五《高宗天皇大帝》引《唐書》：“帝崩於貞觀殿。”《新唐書》卷三《高宗紀》:“上崩於貞觀殿。”[①]

以上三例引自卞孝萱《新版〈舊唐書〉漏校一百例》,該文所校均直接引用史籍爲證,極爲精當。這裏所引用三例是唐時人名、地名,決非通借,無疑是由於音同音近而誤。

在唐宋及以後的通俗文學作品裏,卻出現了大量的同音誤字。如敦煌變文的寫本裏,到處都是。有的字從上下文還容易看出,有的則不容易看出。校勘時應該作校記或旁注改正。這裏舉《伍子胥變文》[②]中部分的例子(下列括弧中是改正的字):

諍(争)侵	姓仵(伍)	清(請)托
喜不自昇(勝)	博(薄)暮	列(烈)女
戀(臠)割	木劇(屐)	誅戮之褰(愆)
寶劍相讎(酬)	明王有敢(感)	麥飯一謳(甌)
風流如(儒)雅	舞道(蹈)	下知地裡(理)

後來如《京本通俗小説》等宋元話本,也或多或少有這類同音誤字。

《元典章》雖不是通俗文學作品,但是由於輾轉傳抄,其間訛誤衍倒之處特别多。陳垣《元典章校補釋例》[③]也有“聲近而誤例”一節。他説:“聲近而誤,有由於方音相似者,有由於希圖省

① 卞孝萱:《新版舊唐書漏校一百例》,《中國歷史文獻研究集刊》第二集,湖南人民出版社 1981 年版,第 169 頁。例(26)(27)同。

② 王重民:《敦煌變文集》,人民文學出版社 1957 年版,卷一,第 1 頁。

③ 陳垣:《校勘學釋例》,第 23 頁。

筆者。”兹略舉數例：

官例(吏)	計典(點)	多(都)省
搬(奔)喪	觀裡(禮)	局(逐)項

三　一字誤爲二字、二字誤爲一字

今見秦漢間竹簡、帛書以及敦煌寫卷等，其字體款行，有工整劃一的，但大都是大小不匀，疏密相間。後人謄抄者，如不諳字句内容，僅是依樣胡蘆，就産生將一字誤分爲二字，二字誤合爲一字的情況。

古書中一字誤爲二字者。如：

(29)《論語·述而》："子曰：加我數年，五十以學易，可以無大過矣。"

朱熹《論語集注》："劉聘君見元城劉忠定公，自言嘗讀他《論》，'加'作'假'，'五十'作'卒'。蓋'加'、'假'聲相近而誤讀，'卒'與'五十'字相似而誤分也。愚按此章之言，《史記》作'假我數年，若是我于易則彬彬矣。''加'正作'假'，而無'五十'字。蓋是時孔子年已幾七十矣。'五十'字誤無疑也。"①

(30)《禮記·祭義》："燔燎膻薌，見以蕭光……薦黍稷，羞肝肺，首心，見間以俠甒。"

鄭玄注："'見'及'見間'皆當爲'覸'字之誤也。……覸

① 《四書五經》，世界書局版，《論語》第29頁。

以俠甒，謂雜之兩甒醴酒也。”孔穎達疏：“凡言覸者，所見錯雜之義。”①　按依鄭玄説，則前“見”應作“覸”，後“見間”二字，原爲“覸”一字。

(31)《禮記·緇衣》：“信以結之，則民不倍。恭以莅之，則民有孫心。”

惠棟《九經古義·禮記下》：“棟謂《緇衣》‘孫心’當作‘愻’。猶《祭義》‘見間’當爲‘覸’。……《説文》：‘愻，順也。《書》云：五品不愻。’今本《尚書》作訓。古文《尚書》作愻。今孔氏本作孫。古文亡矣。《緇衣》猶存古字，毛居正作《正誤》，又從而改之，益歎識字之難。”②　按惠説是，依句式，此亦應爲四字。

(32)《國語·晉語四》：“吾觀晉公子賢人也。其從者，皆國相也。以相一人，必得晉國。”

俞樾《古書疑義舉例》卷五：“按《僖公二十三年左傳》曰：‘吾觀晉公子從者，皆足以相國，若以相，夫子必反其國。’疑此文‘一人’二字乃‘夫’字之誤。‘以相’絶句，即《左傳》所謂‘若以相’也。‘夫必得晉國’絶句，即《左傳》所謂‘夫子必反其國’也。夫者，指目其人之辭，説詳《襄二十三年左傳正義》，今誤作‘一人’二字，義不可通矣。”③

(33)《孟子·公孫丑上》：“必有事焉而勿正，心勿忘，

---

① 阮元：《十三經注疏》，第1596頁。
② 阮元：《皇清經解》，點石齋石印本，卷五十，第14頁後。
③ 俞樾：《古書疑義舉例》，商務印書館1939年版，第71頁。

勿助長也。"

顧炎武《日知録》卷七:"倪文節(原注:思)謂當作'必有事焉而勿忘;勿忘,勿助長也'。傳寫之誤,以'忘'字作'正心'二字。言養浩然之氣,必當有事而勿忘,既已勿忘,又當勿助長也。迭二'勿忘',作文法也。按《書·無逸篇》曰:'自時厥後立王,生則逸。生則逸,不知稼穡之艱難。'亦是迭一句,而文愈有致。今人發言,亦多有重説一句者。《禮記·祭義》:'見間以俠甒。'鄭氏曰:'見間當作覵。'《史記·蔡澤傳》:'吾持梁刺齒肥。'《索隱》曰:'刺齒肥'當爲'齧肥'。《論語》:'五十以學易。'朱子以爲五十當作'卒'。此皆古書一字誤爲二字之證。"①

(34)《賈誼新書·過秦論中》:"故先王者見終始之變。"

俞樾《諸子平議》二七:"按此,本作'故先王覩終始之變','覩'字誤分'者見'二字。亦猶《禮記·祭義篇》分'覵'爲二字矣。"② 按曾見《古文辭類纂》一本作"故先王見終始之變",以"者"爲衍文而删。亦可備一説。

古書中又有兩字誤合爲一字者。如:

(35)《左傳·襄九年》:"十二月,癸亥,門其三門。閏

① 顧炎武:《日知録》,商務印書館1934年版,卷三,第43頁。
② 俞樾:《諸子平議》,中華書局1954年版,第544頁。

月，戊寅，濟于陰阪，侵鄭。”

杜預注：“以長曆參校上下，此年不得有閏月戊寅。戊寅是十二月二十日。疑‘閏月’當爲‘門五日’。‘五’字上與‘門’合爲‘閏’。則後學者自然轉‘日’爲‘月’。”①　按“門其三門”，謂攻其三面城門；“門五日”，謂輪番每門攻五天。三門共十五日，從癸亥至戊寅爲十六日。則攻十五日，明日戊寅于陰阪渡河。日數完全吻合，杜説可信。

(36)《禮記·檀弓上》：“從母之夫，舅之妻，二夫人相爲服。”

俞樾《古書疑義舉例》卷五：“按‘夫’字衍文也。‘二人’兩字誤合爲‘夫’字，學者旁識‘二人’兩字，以正其誤，而傳寫誤合之，遂成‘二夫人’矣。《國語》‘夫’字誤分爲‘一人’二字。《檀弓》‘二人’字誤合爲‘夫’字。甚矣古書之難讀也。”②

(37)《戰國策·趙策四》：“太后明謂左右：‘有復言令長安君爲質者，老婦必唾其面。’左師觸讋願見太后，太后盛氣而揖之。”

王念孫《讀書雜志·戰國策二》：“吴(吴師道)曰：‘觸讋，姚(姚宏)云一本無言字。《史》亦作龍。案《説苑》(《敬慎篇》)魯哀公問孔子，夏桀之臣，有左師觸龍者，諂諛不正。人名或有同者，此當從讋以別之。’念孫案：吴説非也。此策

① 阮元：《十三經注疏》，第1943頁。
② 俞樾：《古書疑義舉例》，商務印書館版，第72頁。

及《趙世家》皆作‘左師觸龍言願見太后’。今本‘龍言’二字誤合爲‘讋’耳。太后聞觸龍願見之言，故盛氣以待之。若無‘言’字，則文義不明。據姚云：‘一本無言字’，則姚本有‘言’字明矣。而今刻姚本亦無‘言’字，則後人依鮑本改之也。《漢書·古今人表》正作‘左師觸龍’；又《荀子·議兵篇》注曰：‘《戰國策》趙有左師觸龍’；《太平御覽·人事部》引此策曰：‘左師觸龍言願見’，皆其明證矣。又《荀子·臣道篇》曰：‘若曹觸龍之於紂者，可謂國賊矣。’《史記·高祖功臣侯者表》有臨轅夷侯戚觸龍，《惠景間侯者表》有山都敬侯王觸龍。是古人多以‘觸龍’爲名，未有名‘觸讋’者。”按近年馬王堆出土帛書《戰國縱横家書》有記觸龍見趙太后事，正作“左師觸龍言願見”，[①]與王念孫校合。

(38)《管子·牧民》：“右士經。”

《管子集校》第一：“顧廣圻云：‘士’字當是‘十一’二字并寫之誤。”[②]

(39)《淮南子·説林》：“狂者傷人，莫之怨也；嬰兒詈老，莫之疾也。賊心亾。”

王念孫《讀書雜志·淮南内篇第十七》：“高注曰：‘賊，害。’陳氏觀樓曰：‘亾字當爲亡也二字之訛。亡，無也。言狂者與嬰兒，皆無賊害之心，故人莫之怨也。《意林》引此作

① 王念孫：《讀書雜志》，第58頁。又《馬王堆漢墓帛書：戰國縱横家書》，第74頁。

② 郭沫若：《管子集校》，第12頁。

無心也，蓋脱賊字。’”①

(40)《南齊書·高帝上》：“秉弟遐坐通嫡母殷氏養女。殷舌中血出，衆疑行毒害。”

張元濟《校史隨筆·南齊書》：“三朝本、汲古本均作‘殷言中出血’，言字不可通，明監本改爲舌字。然其人生存，僅僅舌中出血，何足以云毒害，是本(指紹興蜀中重刊本)乃作‘殷亡，口中血出’。原板亡口二字略小，墨印稍溢，遂相混合，由‘亡口’而誤爲‘言’，由‘言’而變爲‘舌’，愈離愈遠矣。按《宋書·長沙景王道憐傳》：‘義宗子遐，字彦道，與嫡母殷養女雲敷私通。殷每禁之。殷暴卒，未大殮，口鼻流血。’與是本‘殷亡，口中血出’云云，相合。殿本沿監本之訛，而案情輕重，相去不可以道里計矣。”②

四　不明詞義而妄改

古書中常有原書不誤，而由於校者不明詞義，憑臆妄改。有的原來一本是正的，一本是誤的，校者不從正者，反從其誤者。上邊舉的“形近而誤”、“音近而誤”等，多數是無心之誤；而這一類可説是有心之誤。後來的校者發現和改正它的錯誤，也比較難一些。

① 王念孫：《讀書雜志》，第921頁。
② 張元濟：《校史隨筆》，商務印書館1957年版，第36頁。

(41) 司馬相如《長門賦》:"願賜問而自進兮,得尚君之玉音。"李善注:"願君問己,因而自進也。"

徐復《讀〈文選〉札記》云:"願君問己',與賜問之義尚隔,疑此'賜問'爲'賜間'之誤。古書多有'賜間'兩字連用者,如《史記·范雎列傳》:'臣願得少賜游觀之間,望見顏色。'此爲'賜間'二字之確詁。《韓非子·外儲説右上》:'秦惠王愛公孫衍,與之間,有所言。'間亦謂間隙,'與之間'即'賜間'也。又'問'、'間'二字形近,其誤亦時有之。如《漢書·趙堯傳》:'高祖獨心不樂,悲歌。群臣不知上所以然,堯進請間。'景祐本《漢書》'間'作'問'。宋祁曰:'問,疑作間。'汪文盛本從宋改。王念孫《讀書雜志》則謂:'請問義自可通,不當輒以意改。'揆之文義,王説似屬可商。《漢書》'堯進請間',與此文'願賜間而自進',語義正復相似,作請問、賜問,則太直率無蘊藉矣。"[①]

按徐説甚確。《漢書·文帝紀》:"太尉勃進曰:'願請間。'"顏師古曰:"間,容也,猶今言中間也。請容暇之,頃當有所陳,不欲於衆顯論也。他皆類此。""請間"、"賜間",均爲對上將有陳述時常用之熟語。校者不審,竟改爲形近之"問"。此所謂不誤改成誤。李善以"請問"作釋,王念孫亦以"請問"爲"義自可通"。像這種似是而實非者,最易惑人,是讀者、校者最易疏忽的地方。

---

① 徐復:《讀〈文選〉札記》,《南京師院學報》1979 年 1 期。

下面舉朱季海《南齊書校議》校正中華書局點校本(一九七二年)誤校四則:

(42)《南齊書·百官》:"存改回沿,備於歷代。"(第311頁)中華點校本校勘記:"'沿'百衲本作'泬',據南監本、殿本改。"

校議:"《後漢書·盧植傳》:'植乃上書曰:頗知今之《禮記》特多回穴。'章懷注:'回穴猶紆曲也。'回泬即回穴。南監本、殿本臆改,不足據。" 按此點校本不從百衲本作"泬",而反從南監本、殿本誤改,因不審"回泬"之義所致。

(43)《南齊書·列傳第十五·虞翫之》:"或户存而文書已絶,或人在而反托死(板)〔叛〕……乃别置板籍官。"(第608頁)中華點校本校勘記:"'叛'據南監本及《南史》改。言人在而在籍上妄注死叛也。'板',《南史》《通典·食貨典》《元龜》四百八十六作'校'。"

校議:"上云'今户口多少,不減元嘉,而板籍頓闕,弊亦有以。'蓋黄籍謂之板籍,名在死籍,謂之死板,緣籍設官,謂之板籍官,蕭書正可原是'板'字。《論語·鄉黨》'式負版者',皇侃《義疏》云:'鄭司農注《宫伯》職云:版,名籍也,以版爲之,今時鄉户籍謂之户版。'是以户籍爲版,由來舊矣。"

(44)《南齊書·列傳第十九·蕭赤斧》:"并勳彰中興,功比申、邵。"(第668頁)中華點校本校勘記:"'申邵'南監本、毛本、殿本、局本作'周邵'。"

校議:"南監以下臆改,殊謬;百衲本是也。此云申、邵,

《詩·崧高》所謂'維申及甫,維周之翰','王命召伯,定申伯之宅','申伯之功,召伯是營'者,是也。毛傳:'召伯,召公也。'孔疏:'以《常武》之《序》,知召伯是召穆公也。'蓋申伯、召伯嘗佐成宣王中興之功,故以爲比爾。若是周召,并在周初,當周極盛,焉得承勳彰中興,而以爲比也。召爲邵者,《廣韻》三十五笑:'邵,邑名,又姓,出魏郡。周文王子邵公奭之後,實照切,七。召上同。'是也。"

(45)《南齊書·本紀第三·武帝》:"四年閏月辛亥,車駕籍田。詔曰:……六(仞)〔稔〕可期。"(第51頁)點校本校勘記:"'稔'據南監本、局本改。"

校議:"按此用《大招》'五穀六仞'之文,南監臆改,局本承其誤耳。" 按王逸注:"言楚國之地肥養,堪用種植五穀,其穗長六仞。"①

以上四例都是諸本中有正有誤,而校者卻取其誤者,不從正者。下面一個例子,在正文中前後出現同一詞,但其中一處有誤字,校者不察,竟依誤者改其正者:

(46) 蔣禮鴻《敦煌變文字義通釋》"保見"條:《廬山遠公話》:"遠公是具足凡夫,敢(感)得阿閦如來受記,喚遠公近前:'汝心中莫生悵忘(惘)。汝有宿債未常(償),緣汝前

① 朱季海:《南齊書校議》,中華書局1984年版,例(42)第34頁,例(43)第77頁,例(44)第85頁,例(45)第6頁。

世曾爲保兒，今世令來計會。債主不遠，當朝宰相常鄰相公身是。已(以)後卻賣此身，得錢五百貫文還他白莊，卻來岠山，與汝相見。'"(第 174 頁)又："遠公曰：'緣貧道宿世曾爲保見(兒)，有其債負未還，欲得今世無冤，合來此處計會。……"(第 190 頁)下文又說："相公遂于白莊邊借錢五百貫文。是時貧道作保。"貧道爲作保人，上(尚)自六載爲奴不了。"(第 191 頁)可見"保兒"、"保見"就是保人。《變文》根據"保兒"來改"保見"，卻是錯的。"見"就是"見證"的"見"，後世房屋田地賣契上有居間作證的人在契上押字，叫做"見賣"，也就是"保見"的"見"。唐釋拾得詩："世上一種人，出性常多事。終日傍街衢，不離諸酒肆。爲他作保見，替他說道理，一朝有乖張，過咎全歸你。"可證"保兒"是"保見"的錯誤。①

段玉裁在《與諸同志書論校書之難》裏說："校書之難，非照本改字不訛不漏之難也，定其是非之難。"②以上幾例都是由於校者不審詞義，卻舍其是者，反取其非者。益信校書之難，難在定是非。

① 蔣禮鴻：《敦煌變文字義通釋》(增訂本)，上海古籍出版社 1981 年版，第 42 頁。

② 段玉裁：《經韻樓集》，清道光刊本，卷十二，第 47 頁。

第二節 衍 文

凡非正文之文字，而誤入正文者，這是衍文，亦稱羨文。衍文應該删去。衍文的原因，主要有下列三種情况。

一 涉上下文而衍

因爲上下文有這個字，抄寫時不慎而誤衍。

(47)《左傳·莊二十八年》："驪姬嬖，欲立其子，賂外嬖梁五與東關嬖五。"

王引之《經義述聞·春秋左傳上》："杜注曰：'姓梁名五。在閨闥之外者。東關嬖五别在關塞者，亦名五，皆大夫，爲獻公所嬖幸，視聽外事。'引之謹案：外嬖對内嬖而言。(原注：《僖十七年傳》：'内嬖如夫人者六人。')驪姬内嬖也。二五外嬖也。外嬖二字統二五言之。東關下不當復有'嬖'字。梁五既稱其姓曰梁，東關五不應獨略其姓。《廣韻》東字注曰：'漢複姓，《左傳》晉有東關嬖五。'則東關爲姓矣。既以東關爲姓，則東關下愈不當有嬖字。如梁五，以梁爲姓，而謂之梁嬖五可乎？《漢書·古今人表》正作東關五。韋昭注《晉語》亦曰：'二五，獻公嬖大夫梁五與東關五也。'是古文無嬖字之明證。杜注皆失之。"①

① 王引之：《經義述聞》，江蘇古籍出版社 1985 年版，第 404 頁。

(48)《爾雅·釋地》:"北方有比肩民焉,迭食而迭望。"郭璞注:"此即半體之人,各有一目、一鼻、一孔、一臂、一脚,亦猶魚鳥之相合。"

周祖謨《爾雅校箋》:"'各有一鼻、一孔'唐寫本作'各有一目、一鼻孔'。《文選》王元長《曲水詩序》注引作'人各有一目、一鼻孔'。案:《山海經·海外西經》云:'一臂國,一目,一鼻孔。'即此注所本。今本'鼻'下衍'一'字,當據唐寫本改正。"[①]　按"一鼻"則與常人無異,"一孔"則其義不明。此因上下均有"一"字而誤衍。

二　涉注文而衍

注裏的字或句子誤入正文,因此産生衍文。如:

(49)《詩·王風·丘中有麻》:"彼留子嗟,將其來施施。"

陳奂《毛詩傳疏》卷六:"將其來施施,舊本當作'其將來施'四字。正義:'其將來之時,施施然甚難進而易退。'是孔所據經文本作'其將'也。《家訓·書證篇》:'《詩》云將其來施施,《韓詩》亦重爲施施。河北《毛詩》皆云施施。江南舊本悉單爲施,俗遂是之,恐爲少誤。'是顔所見江南舊本皆單作'施'。經言'施',傳則重言之,云"施施難進之意',此猶

① 周祖謨:《爾雅校箋》,江蘇教育出版社 1984 年版,第 279 頁。

《桑柔》'旟旐有翩','翩翩,在路不息也'。《那》'庸鼓有斁','斁斁然盛也。''萬舞有奕','奕奕然閑也'。同其句例。詩三章,章四句,每句四字,不應此句獨五字。'來施',不作'來施施',而顔之推反爲江南舊本誤,則非也。"① 按俞樾《古書疑義舉例》同陳奐説。以爲"涉傳箋而誤衍下'施'字。"

(50)《周禮·天官·亨人》:"職外内饔之爨亨煮,辨膳羞之物。"

王引之《經義述聞·周官上》,"煮,即亨也,既言亨,則無庸更言煮。按鄭注云:'爨,今之灶,主於其灶煮物。'疏云:'主外内饔爨灶亨煮之事。'皆是以灶釋爨,以煮釋亨(烹)。而經文原無灶、煮二字也。《唐石經》有煮字,即涉注文而衍,而各本遂沿其誤。……《大宰》及《少牢饋食》疏引此皆作'職外内饔之爨亨',無煮字。《特牲饋食》疏云:'《周禮·亨人》其職主爨亨之事,以供外内饔。'亦無煮字。" 按孫詒讓《周禮正義》卷八:"王説是也。凡經'亨煮'字例作鬻,注乃作煮。此經作煮,與字例亦不合。"②

(51)《大戴禮記·曾子制言中》:"凍餓而守仁,謂其守也,則君子之義也,其功守之義,有知之,則願也;莫之知,苟我自知也。"

---

① 陳奐:《毛詩傳疏》,文瑞樓版,卷六,第10頁。

② 王引之:《經義述聞》,第192頁。又《周禮正義》,中華書局《四部備要》版,卷八,第7頁後。

按“謂其守也”、“其功守之義”均爲盧辯注文，而誤入正文。孔廣森《大戴禮記補注》：“宋本以注誤入正文，并從《大典》(《永樂大典》)及盧(文弨)本改。”[①]　按盧文弨、孔廣森校甚是。應作：“凍餓而守仁，則君子之義也。有知之，則願也；莫之知，苟吾自知也。”王聘珍《大戴禮記解詁》仍保留“其功守之義”一句，文不連貫，應從孔校。

(52)《韓非子・難三》：“且夫物衆而智寡，寡不勝衆，知不足以遍知物，故因物以治物。下衆而上寡，寡不勝衆者，言君不足以遍知臣也，故因人以知人。”

俞樾《古書疑義舉例》五：“按《韓非》原文本作：‘且夫物衆而知寡，寡不勝衆，故因物以治物。下衆而上寡，寡不勝衆，故因人以知人。’舊注於上句‘寡不勝衆’云：言智不足以遍知物也。于下句‘寡不勝衆’云：言君不足以遍知臣也。傳寫誤入正文而又有錯誤，遂不可讀。”[②]

古書正文夾注，每以字之大小分別，正文大字，注文亦單行，僅用小字。如抄寫時大小不明顯，正文與注文常混淆不分。以上所舉諸例，大都因此而產生衍文。這裏再舉《史通》一例，正文注文混亂，以致兩者互有衍文、脱文，竟無法句讀。

(53)《史通・煩省》：“議者苟嗤沈、蕭之所記，[《宋書》，

① 阮元：《皇清經解》，點石齋石印本，卷九七，第7頁。

② 俞樾：《古書疑義舉例》，第65頁。

《南齊書》。]事倍于孫、習。[皆有《晉史》。]華、謝之所編,[皆有《漢書》。]語煩于班、馬。"(以上方括號中爲注文。下同。)

以上所録爲清浦起龍《史通通釋》經校勘後刊定之文。據浦氏説,此四句原有兩種本子:

一本:議者苟嗤沈約[休文,梁人。]著《宋書》,衍[字子顯。]著《齊書》,蕭之所記,事倍于孫[孫盛字安國,晉人也。]當《晉書》。鑿齒[字彦威。]亦著《晉書》,習、華、謝之所編,語煩于班馬。

另一本:議者苟嗤沈約[休文,梁人,著《宋書》。]、蕭衍[字子顯,著《齊書》,蕭所記事倍于孫。]、孫盛[字安國,晉人,著《晉書》。]、習鑿齒[字彦威,亦著《晉書》。]之所編,語煩于班馬。

浦氏云:"初注此書,案頭有二本,文異而誤同。正凝想間,張生玉轂至,共勘之,揀所兩有,汰所兩羨,而四句出,遂刊之。後見别本,一字不爽也。二本大小書,雜亂謬誤。"又云:"二本皆正文夾注之互混也。其文不可以句,而'衍'字、'當'字等之誤,更不待言。邢子才言:'日思誤書,更爲一適。'余讀此悶極始悟,不禁爲之解頤。"

其後校勘家顧廣圻肯定浦氏正文的考訂,但認爲"《通釋》本臆删其注,非是。"顧氏考定如下:

荀嗤沈[約,字休文,梁人,著《宋書》。]、蕭[衍,字子顯,著《齊書》。]之所記,事倍于孫[盛,字安國,晉人也,著《晉書》。]、習[鑿齒,字彦威,亦著《晉書》。];華、謝之所編[華嶠、謝忱,亦著《漢書》。],語煩于班馬。①

顧氏之考訂,後出轉精,可補浦氏之不足。

三　後人旁記之字而誤入正文

(54)《管子·樞言》:"十日不食,無疇類盡死矣。"

《管子集校》:"維遹按:'無疇類'與'盡死'同義,疑'盡死'二字爲校者旁注而誤入正文。《莊子·讓王篇》:'重傷之人無壽類矣。'《吕氏春秋·審爲篇》同。'壽'即'疇'之借字,'疇'亦作'噍',《漢書·高帝紀》:'襄城無噍類矣。'注:'青州俗呼無子遺爲無噍類。'青州古屬齊國,此齊言也。"②

(55)《老子》二章:"萬物作而不辭,生而不有,爲而不恃。"

朱謙之《老子校釋》:"羅振玉曰:'生而不有',敦煌本無此句。謙之按:遂州碑本亦無。《群書治要》卷三十四引同

① 劉知幾撰,浦起龍釋:《史通通釋》,上海古籍出版社1978年版,第269頁。《史通》附《孫濳夫顧千里校勘札記》,商務印書館《四部叢刊》縮印本,第163頁。

② 郭沫若:《管子集校》,第193頁。

此石。”

按馬王堆帛書《老子》甲、乙本均無“生而不有”句。疑爲上文“故有無相生”句之校者旁注，而誤入正文。[①]

(56)《山海經·海外南經》：“有神人二八，連臂爲帝司夜于此野，在羽民東。其爲人小頰赤肩，盡十六人。”

按“盡”，疑爲“蓋”，形近而誤。“蓋十六人”是校者“二八”兩字之旁注而誤入正文。故郭璞注云：“疑此後人所增益語耳。”[②]

(57)《大戴禮記·勸學篇》：“珠者，陰之陽也，故勝火；玉者，陽之陰也，故勝水，其化如神。故天子藏珠玉，諸侯藏金石，大夫畜犬馬，百姓藏布帛，不然，則强者能守之，知者能秉之，賤其所貴而貴其所賤，不然，矜寡孤獨不得焉。”

孫志祖《讀書脞録》：“‘珠者陰之陽也’一段凡七十四字與上下文語意不屬，疑他處錯簡也。《管子·侈靡篇》有此文。孔廣森《補注》云：‘前文有珠玉，故旁及之。’”[③] 按孫、孔説是。此七十四字是校者在上文“玉居山而木潤，淵生珠而岸不枯”句之旁記之文，後誤入正文。

---

① 朱謙之：《老子校釋》，中華書局1984年版，第11頁。又《馬王堆漢墓出土老子釋文》，載《文物》1974年第11期。

② 《山海經》，商務印書館《四部叢刊》本，下册第36頁後。

③ 阮元：《皇清經解》，點石齋石印本，卷六二，第3頁後。

四　不審詞義而妄增

原文無此字，校者不明詞義，或不審制度，以爲脱字而妄增。如：

(58)《淮南子·覽冥》："夫陽燧取火于日，方諸取露於月。"

王念孫《讀書雜志·淮南内篇第六》："案'夫陽燧'本作'夫燧'，今本有'陽'字者，後人所加也。彼蓋誤以'夫'爲語詞，又以《天文篇》'陽燧見日，則然而爲火，方諸見月，則津而爲水。'故加入'陽'字。不知'夫燧'即陽燧也。夫燧與方諸相對爲文。《周官·司烜氏》：'掌以夫遂取明火於日。'遂與燧同。鄭注曰：'夫遂，陽遂也。'下文云：'夫燧之取火，慈石之引鐵'，并以夫遂二字連文。故高注云：'夫，讀大夫之夫。'則'夫'非語詞明矣。"[①]

(59)《顔氏家訓·風操》："昔侯霸之子孫，稱其祖父曰家公。"

盧文弨云："《王丹傳》：'丹徵爲太子少傅。時大司徒侯霸，欲與交友，及丹被徵，遣子昱候於道，昱迎拜車下，丹下答之。昱曰：家公欲與君結交，何爲見拜？丹曰：君房有是言，丹未之許也。'案：此'孫'字、'祖'字或誤衍。"[②]　按盧

① 王念孫：《讀書雜志》，第815頁。
② 王念孫：《讀書雜志》，第815頁。

説是。舊校者不知當時稱“家公”即指家父，而誤以“公”是祖輩之稱，故妄增“孫”、“祖”兩字。

(60)《晉書·阮瞻傳》：“舉止灼然，見司徒王戎……戎咨嗟良久，即命辟之。”

中華點校本校勘記：“勞格《晉書校勘記》：孫志祖云‘止’字疑衍。‘灼然’者，晉世選舉之名，於九品中正二品。見《温嶠傳》《鄧攸傳》。”又余嘉錫《世説新語箋疏·賞譽》疏云：“余考《書鈔》六十八引《續漢書》云：‘陳寔字仲躬，舉灼然，爲司徒屬，大丘長。’則灼然爲科目，自後漢已有之，不起于魏之中正也。”[①] 按校者不明“灼然”爲科目之名，故在“舉”字下妄加“止”字，把“灼然”誤爲形容之詞。

(61)《三國志·魏志·王脩傳》：“魏國既建，爲大司農郎中令。”

吴金華《三國志拾詁》：“‘大司農’應作‘大農’，傳寫之誤也。考歷代主管錢穀之職官，周曰太府，秦曰治粟内府，漢景帝後元元年稱大農令，武帝太初初年稱大司農，至獻帝建安十八年‘魏國既建’之時，則改稱大農矣。《文選·左太沖魏都賦》李善注云：‘建安十八年，始置侍中、尚書、御史、符節、謁者、郎中令、太僕、大理、大農、少府、中尉。’此其明證。《藝文類聚》二十引《魏志》云：‘王脩爲大農郎中令。’足

① 《晉書》，中華書局 1974 年版，第 1386 頁。余嘉錫：《世説新語箋疏》，中華書局 1983 年版，第 458 頁。

見唐人所據之古本正作‘大農’,此又一明證也。”[1]　按舊校者因習見“大司農”之稱,因此妄加“司”字。

陳垣《元典章校補釋例》謂衍文常由於下面這些情況而產生:1. 以已抄爲未抄而誤衍者;2. 錯看前後行字句而誤衍者;3. 衍字恒在兩行接續之間;4. 有誤字既經點滅,後人不察,仍舊録存。[2] 陳氏所述幾項都是他的經驗之談,但應加“因不審詞義而妄增”一項。

第三節　脱　文

脱文有因不慎而誤脱的,也有不明文句意義而妄删的。

一　不慎而誤脱

其中較多的是因上下有同字而誤脱。如:

(62)《晏子春秋·外篇二十》:“君乃反迎而賀臣,愚不能復治東阿。”

王念孫《讀書雜志·晏子春秋二》:“按:‘君乃反迎而賀臣’,絶句,與上‘君反以罪臣’對文。‘臣’下當更有一‘臣’

① 吴金華:《〈三國志〉拾詁》,《南京師大學報》1985 年第 3 期。
② 陳垣:《校勘學釋例》,第 28 頁。

字,屬下句讀。今本脱一‘臣’字,則文義不明。”①

(63)《列子·仲尼篇》:“孤犢未嘗有母,非孤犢也。”

楊伯峻《列子集釋》:“(張湛)注:‘此語近於鄙,不可解。’俞樾曰:‘有母下當更迭有母二字。本云:孤犢未嘗有母,有母,非孤犢也。……因古書遇重字多省不書,但於字下作二畫識之,故傳寫脱去耳。’伯峻按:俞説是也。張注以爲此句不可解,疑其所據本即已脱去,以致文意不明,故謂不可解也。但《道藏》本林希逸《口義》云:‘既謂之孤,則未嘗有母矣。謂之有母,則非孤犢也。’似其所見本迭‘有母’兩字,或爲後人所增歟?”②

(64)《賈誼新書·過秦論下》:“此豈世賢哉?其勢居然也。”

陶鴻慶《讀諸子札記》十:“當依《史記》重‘世’字。”③按陶説是。必作“世世”,乃合文義。

(65)《漢書·張耳陳餘傳》:“客有説耳、餘曰:兩君羈旅,而欲附趙,難可獨立,趙後輔以誼,可就功。”

王先謙《漢書補注》卷三二:“錢大昭曰:‘獨字下南監本、閩本俱重立字。’先謙曰:官本重‘立’字,是也。《史記》亦作‘難獨立,立趙後扶以義’。”④

① 王念孫:《讀書雜志》,第554頁。

② 楊伯峻:《列子集釋》,中華書局1979年版,第142頁。

③ 陶鴻慶:《讀諸子札記》,第297頁。

④ 王先謙:《漢書補注》,第923頁。

(66)《漢書·董仲舒傳》:"繇此言之,粤本無一仁。"

楊樹達《漢書窺管》卷六:"樹達按:'粤本無一仁'語意未了,當據《繁露》補'而安得三仁'五字。此由句末并有'仁'字,傳寫混脱耳。"

(67)《漢書·季布欒布田叔傳》:"趙人舉之趙相趙午,言之趙王張敖,以爲郎中。"

楊樹達《漢書窺管》卷四:"李慈銘云:'《史記》午下重一午字,不可省。'"①

也有因上下文有同字,或句式相似,而脱十餘字者。如:

(68)《逸周書·文傳解》:"夏箴曰:'小人無兼年之食,遇天饑,妻子非其有也;大夫無兼年之食,遇天饑,臣妾輿馬非其有也。'"孔晁注:"古者國家三年必有一年之儲,非其有,言流亡也。"

王念孫《讀書雜志·逸周書一》:"念孫案:此下有'國無兼年之食,遇天饑,百姓非其有也'十五字,而今本脱之。上文云:'天有四殃,水旱饑荒,其至無時,非務積聚,何以備之。'是專指有國者而言,故此引夏箴以明家國一理之意,若無此十五字,則但言家,而不及國,與上文不合矣。據孔注云'古者國家三年必有一年之儲',此正釋國無兼年之食以下十五字,若無此十五字,則又與注不合矣。《墨子·七患

① 楊樹達:《漢書窺管》,例(66)第428頁,例(67)第302頁。

篇》引《周書》曰：'國無三年之食者，國非其國也；家無三年之食者，子非其子也。'即是約舉此篇之文，若無此十五字，則又與《墨子》不合矣。《群書治要》《太平御覽・時序部二十》《文部四》《玉海》三十一所引皆有此十五字。"

王氏舉了各方面的證據，校正脱十五字，真精審無疑。其所以有脱文，因爲文章原是三排，句式相似，句末均有"非其有也"四字，抄者因誤脱一排。

(69)《晏子春秋・外篇十一》："子胥忠其君，故天下皆願得以爲子。"

王念孫《讀書雜志・晏子春秋二》："按此文原有四句，今脱去中二句，則文不成義。《秦策》云：'子胥忠其君，天下皆欲以爲臣；孝己愛其親，天下皆欲以爲子。'文義正與此同。下文'今爲人子臣'云云，正承上四句言之。"

(70)《淮南子・道應》："令尹子佩請飲莊王，莊王許諾。子佩跣揖北面立于殿下，曰：昔者君王許之，今不果往，意者臣有罪乎？"

王念孫《讀書雜志・淮南内篇第十二》："念孫案：《太平御覽・人事部一百九》引'莊王許諾'下，有'子佩具於京臺，莊王不往，明日'共十二字，今本脱去，當補入。《文選》應璩《與滿寵書》注，引此'子佩'作'子瑕'，亦云'子瑕具於京臺，莊王不往'。京、强二字古同聲而通用，故今本京臺作强臺。"

按此前後兩段均爲"子佩"開頭，故脱。

(71)《淮南子·人間》:“魯君聞陽虎失,大怒,問所出之門,使有司拘之。以爲傷者受大賞,而不傷者被重罪。”

王念孫《讀書雜志·淮南内篇第十八》:“按:‘以爲’二字與下文義不相屬。《太平御覽》引此,作‘以爲傷者戰鬥者也,不傷者爲縱之者。傷者受厚賞,不傷者受重罪’。是也。今本無‘傷者戰鬥’以下十三字,此因兩‘傷者’相亂,故寫者誤脱之耳。”①

也有上下文并無同字,僅因不慎而誤脱者,這類例子在古書中也不少。隨舉數例:

(72)《周易·繫辭下》:“幾者動之微,吉之先見者也。”孔穎達疏:“諸本或有‘凶’字者,其定本則無也。”

按《繫辭》皆“吉凶”連言。應作“吉凶之先見”。《漢書·楚元王傳》:“穆生曰:《易》稱‘知幾其神乎’,‘幾者動之微,吉凶之先見者也’。”有“凶”字,可證。②

(73)《漢書·高帝紀下》:“今吾以天之靈,賢士大夫定有天下,以爲一家。”

楊樹達《漢書窺管》卷一:“賢上疑脱一‘與’字。下十二

① 王念孫:《讀書雜志》,例(68)第7頁,例(69)第553頁,例(70)第869頁,例(71)第924頁。

② 阮元:《十三經注疏》,第68頁。又王先謙:《漢書補注》,第952頁。

年詔云:'與天下之豪士賢大夫共定天下'有'與'字,可證。"①

按缺"與"字,則"賢士大夫"爲主語,與文義不合。

(74)《漢書·景十三王傳》:"塵埃播覆,昧不泰山,何則?物有蔽之也。"

王先謙《漢書補注》卷五二:"錢大昭曰:'泰山上脱見字。'先謙曰:'官本有見字。'"②

二 不審文義而妄删

這一類可以説是憑意妄改,所謂有心之誤。

(75)《老子》三章:"常使民無知無欲,使知者不敢爲,則無不治。"

朱謙之《老子校釋》:"據羅氏影印貞松堂藏《西陲秘籍叢殘》校敦煌本'敢'下有'不'字。羅《考異》中失校。又遂州碑本亦作'不敢不爲也'。强思齊引成玄英疏:'前既舍有欲無欲,復恐無欲之人滯於空見,以無欲爲道,而言不敢不爲者,即遣無欲也。恐執此不爲,故繼以不敢也。'是成疏本亦作'不敢不爲'。……今按'不敢'、'不爲'乃二事,與前文'無知'、'無欲'相對而言。'不敢'斷句。"按朱説是。馬王

① 楊樹達:《漢書窺管》,第25頁。
② 王先謙:《漢書補注》,第1122頁。

堆帛書《老子》乙本作:"使夫知不敢弗爲而已,則無不治。"甲本此處殘缺。[①] 蓋後人把"不敢不(弗)爲"連讀,以爲既用'不',又用'弗',則意思是"有爲",與上文"使民無知無欲"相違,因此妄删"不(弗)"字。朱氏解"不敢"、"不爲"爲二事,中間點斷,極爲精審。《老子》的意思是説使一般人做到"無知"、"無欲",使知者做到"不敢",并"不爲",這樣就能"無不治"了。

(76)《商君書·農戰篇》:"國作一歲者,十歲强;作一十歲者,百歲强;修一百歲者,千歲强。"

俞樾《古書疑義舉例》七:"按此承上句'是以聖人作壹,摶之也'而言。本云:'國作壹一歲者,十歲强;作壹十歲者,百歲强;作壹百歲者,千歲强。'乃極言'作壹'之效。本篇'作壹'字屢見。此四言'作壹',乃一篇之宗旨也。讀者誤謂'壹'、'一'同字,而於'作壹一歲'句删去'壹'字;於下兩句又改'壹'爲'一';末句'作'字又誤改爲'修',於是其義全失矣。"[②]

按《商君書》中之"作壹",指專心務農。言百姓在一年内專心務農,則可保國家十年强盛。下文意同。

(77)《淮南子·道應》:"敖幼而好游,至長不渝。"

王念孫《讀書雜志·淮南内篇第十二》:"此本作'至長

---

① 朱謙之:《老子校釋》,第16頁。又《馬王堆漢墓出土老子釋文》,《文物》1974年11期。

② 俞樾:《古書疑義舉例》,第102頁。

不渝解。'今本無'解'字者,後人不曉'渝解'二字之義而削之也。不知渝與解同義。……《太平御覽》引作'至長不渝解'。《蜀志》注引作'長不喻解'。《論衡》作'至長不偷解'。字雖不同,而皆有'解'字。"① 按所謂"不渝解",是不改變的意思。

第四節　倒　置

倒置指把原來字或句子的位置前後改動。下邊分字的倒置和句的倒置兩類説明。

一　字的倒置

有的是兩個字前後倒置,其意義雖無大出入,但不合習慣用法。

(78)《國語·周語上》:"夷蠻要服。"

汪遠孫《國語明道本考異》卷一:"公序本作'蠻夷'。案蠻夷是也。注中先'蠻'後'夷',依《周禮》九畿之次第爲説。《荀子·正論篇》正作蠻夷。《史記》及《書·禹貢》疏作夷蠻者,已從誤本改之。"②按同卷下文云:"於是乎有蠻夷之

① 王念孫:《讀書雜志》,第874頁。

② 《國語》,中華書局袖珍本,第五册《考異》第2頁。

國。”亦作蠻夷。

(79)《淮南子·精神》:“是故視珍寶珠玉猶石礫也,視至尊窮寵猶行客也,視毛嬙西施猶𩴆醜也。”

王念孫《讀書雜志·淮南内篇第七》:“引之曰:石礫本作礫石。《説文》:‘礫,小石也。’《逸周書·文傳篇》云:‘礫石不可穀。’《楚辭·惜誓》:‘相與貴夫礫石。’王注云:‘相與貴重小石也。’《韓詩外傳》云:‘太山不讓礫石,江海不辭小流。’皆其證也。石與客、魄爲韻,若作石礫,則失其韻矣。”

(80)《淮南子·人間》:“蠹啄剖梁柱,蚊虻走牛羊。”

王念孫《讀書雜志·淮南内篇後叙》:“梁與羊爲韻,各本作梁柱,則失其韻矣。”①

(81)《漢書·食貨志下》:“錢金以巨萬計。”

楊樹達《漢書窺管》卷三:“錢金疑誤倒,當作金錢。景祐本同誤。”②

有的倒置之後,與原來意義不同。如:

(82)《老子》二十一章:“自古及今,其名不去,以閱衆甫。”

朱謙之《老子校釋》:“馬叙倫曰:‘各本作自古及今,非

① 王念孫:《讀書雜志》,例(79)第824頁,例(80)第972頁。

② 楊樹達:《漢書窺管》,第152頁。

是。古、去、甫，韻。'"按傅本、王弼本作"自今及古"，帛書《老子》甲、乙本亦作"自今及古"。①

(83)《莊子·大宗師》："父母之於子，東南西北，唯命之從。"

聞一多《莊子内篇校釋》："案當作'子之於父母'，謂子聽命於父母也。如今本，則是父母聽從於子，庸有當乎？注曰：'自古或有能違父母之命者矣。'疏曰：'夫孝子侍親，尚驅馳唯命。'是郭、成本尚未倒。"②

(84)《逸周書·作雒》："苞以黄土，苴以白茅，以爲土封。"

王念孫《讀書雜志·逸周書第二》："盧曰：'以爲土封，一本作以土封之。'念孫案：一本是也。以土封之，謂各以一方之土封之，故下句云：'受列土于周室也。'若云'以爲土封'，則文意不明。《北堂書鈔·禮部上》《太平御覽·地部二》《禮儀部十一》《玉海》九十九，并引作'以土封之'。"③

有的倒置之後，不合當時文法，或不成文義。如：

(85)《老子》二十章："善之與惡，相去若何？"

---

① 朱謙之：《老子校釋》，第 89 頁。又《馬王堆漢墓出土老子釋文》，《文物》1974 年 11 期。

② 《聞一多全集》，開明書店 1948 年版，第二册第 269 頁。

③ 王念孫：《讀書雜志》，江蘇古籍出版社版，第 13 頁。

按傅本“若何”作“何若”，帛書《老子》甲、乙本均作“何若”。作“何若”是，合當時文法。①

(86)《管子·樞言》:“無善事而有善治者，自古及今，未嘗之有。

王念孫《讀書雜志·管子第二》:“引之曰:‘未嘗之有’，當作‘未之嘗有’。《五輔篇》:‘古之聖主，所以取明名廣譽，厚功大業，顯於天下，不忘於後世，非得人者，未之嘗聞。’文義與此同。”按“未嘗之有”不合古代文法。

(87)《墨子·七患》:“今有負其子而汲者，隊其子于井中，其母必從而道之。今歲凶民飢道餓，重其子此疚於隊，其可無察邪?”

王念孫《讀書雜志·墨子一》:“引之曰:‘重其子此疚於隊’，當作‘此疚重於隊其子’。疚，病也。言此病較之隊其子爲尤重也。今本顛倒，不成文義。”②

(88)《黄帝内經·素問》:“今時之人，年未半百，而動作皆衰者，時世異邪，人將失之邪?”

胡澍《黄帝内經素問校義》:“澍案:‘人將失之邪’，當作‘將人失之邪’。下文曰:‘人年老無子者，材力盡邪，將天數然也?’《徵四失論》曰:‘子年少智未及邪，將言以雜合邪?’與此文同一例。將，猶抑也。”③

---

① 《馬王堆漢墓出土老子釋文》,《文物》1974 年 11 期。

② 王念孫:《讀書雜志》,例(86)第 403 頁,例(87)第 562 頁。

③ 《黄帝内經素問校義》,光緒九年二仁堂版,第 2 頁。

按胡説是。舊校者不知這裏的“將”字用法同“抑”，作選擇問的連詞用，故妄改置於“人”字之後。

(89)《國語·周語中》:“余一人其流辟，旋於裔土，何辭之有與?”

汪遠孫《國語明道本考異》卷一:“公序本‘有與’作‘與有’。《晉語》:‘亡人何國之與有!’句法一例。” 按王引之《經傳釋詞》卷一:“與，語助也。”亦引此《國語》二例。①

(90)《戰國策·楚四》:“楚君雖欲攻燕，將道何哉?”

王念孫《讀書雜志·戰國策二》:“‘將道何哉’，當作‘將何道哉’。道，從也。言楚欲攻燕，兵何從出也。置‘道’於‘何’字之上，則文不成義矣。”②

(91)《鹽鐵論·憂邊》:“今子弟遠於勞外。”

孫詒讓《札迻》八:“按‘於勞’二字當乙。”③

(92)《漢書·李廣蘇建傳》:“女爲人臣子，不顧恩義，畔主背親，爲降虜於蠻夷，何以女爲見?”

王念孫《讀書雜志·漢書第十》:“‘見’字本當在‘女’字上，‘何以見女爲’，猶《論語》言‘何以文爲’、‘何以伐爲’耳。若云‘何以女爲見’，則文不成義矣。《漢書·孝昭紀》作‘何用見女爲兄弟乎’，‘爲’下加‘兄弟’二字，遂失其指。然據

① 《國語》，中華書局袖珍本，第五册《考異》第 9 頁。又《經傳釋詞》，中華書局 1956 年版，第 19 頁。

② 王念孫:《讀書雜志》，第 54 頁。

③ 孫詒讓:《札迻》卷八，第 1 頁。

此知《漢書》本作'何以見女爲'也。"①

二　句的倒置

有前後兩句倒置的,也有前後兩句的主要句子成分倒置的。

(93)《吕氏春秋·重己》:"是其所謂非,非其所謂是。此之謂大惑。"

陶鴻慶《讀諸子札記》五:"'非'、'是'二字當互易。原文注云:'是其所謂是,非其所謂非。'上文云:'其所謂是者,未嘗是。'是'是其所謂是'也。又云:'其所謂非者,未嘗非。'是'非其所謂非'也。今本互誤,則非其旨。高注云:'是己之所是,非己之所非,而以此求同於己者也,故謂之大惑。'是其所見本不誤。"②

(94)《戰國策·楚策四》:"晝游乎茂樹,夕調乎酸鹹。倏忽之間,墜於公子之手。"

按上云"夕調乎酸鹹",而下接云"倏忽之間,墜於公子之手",前後不接。王念孫《讀書雜志》以爲"倏忽"以下十字爲衍文。金正煒《戰國策補釋》:"'倏忽'以下十字,當在'晝游'句上,誤淆於下,不必爲衍文。"金説是。③

---

① 王念孫:《讀書雜志》,第 315 頁。

② 陶鴻慶:《讀諸子札記》,第 91 頁。

③ 諸祖耿:《戰國策集注彙考》,江蘇古籍出版社 1985 年版,第 823 頁。

(95)《淮南子·要略》:“今夫狂者無憂,聖人亦無憂。”

陶鴻慶《讀諸子札記》四:“愚按:‘狂者’與‘聖人’誤倒。原文當作:‘聖人無憂,狂者亦無憂。’下文云:‘聖人無憂,和以德也;狂者無憂,不知禍福也。’即承此言。《説山訓》云:‘聖人同死生,愚人亦同死生。聖人之同死生,通於分理;愚人之同死生,不知利害所生。’語意與此同。”①

(96)《三國志·吴書·虞翻傳》:“翻復怒曰:‘當閉反開,當開反閉,豈得事宜邪?’”

張元濟《校史隨筆·三國志》謂新疆鄯善出土古寫本《三國志》“當閉反開,當開反閉”兩句乙轉。②

第五節　多重誤例

上邊幾節談了誤字、衍文、脱文、倒置四類。如果一句中僅有一處錯誤,是比較容易校正的;一句中有了幾處錯誤,那就比較難校正了。徐復先生曾著《校勘學中之二重及多重誤例》一文,就談到這個問題。他説:“顧乃文句中有一字之舛訛衍奪,比照文義,求之尚易;其有二重及多重之謬誤,則非耽思旁訊,即難爲訂正。此在昔賢,亦曾致力,無如條例未立,所得不多,學者深病之!”該文歸納二重及多重者凡十六例:

① 陶鴻慶:《讀諸子札記》,第 90 頁。

② 張元濟:《校史隨筆》,第 24 頁。

一、上衍下奪例

二、上奪下衍例

三、一倒一奪例

四、一倒一衍例

五、一倒一誤例

六、一奪一誤例

七、一衍一誤例

八、一誤一改例

九、二形并誤例

十、妄補二字例

十一、句奪二字例

十二、句衍二字例

十三、二形并誤而又誤倒例

十四、一字形誤徑改二形例

十五、一字形誤徑改三字例

十六、三字形誤又衍一字例

當然,古書中的錯誤,錯綜複雜,是無法一一列舉的。這裏十六例也僅是舉例性質。兹摘録"一倒一奪例"、"一衍一誤例"各一則:

(97)《荀子·正論篇》:"故魯人以榶,衛人用柯,齊人用一革。"

楊倞注:"未詳。或曰:《方言》云:'碗謂之榶,盂謂之柯。'"郝懿行注曰:"一革二字,雖未能詳,然考《史記·貨殖傳》'齊,爲鴟夷子皮'《索隱》引大顏云:'若盛酒者鴟夷也,用之則多容納,不用則可卷而懷之。'據此,知鴟夷以革爲之。""復按:郝説革字之義是也。細繹上下文義,似本作'故魯人以槽,衛人用柯,齊人用革,一也'。今本'一革'兩字誤倒,又奪句末'也'字,遂昧其旨矣。《孟子·離婁篇》云:'晉之乘,楚之檮杌,魯之春秋,一也。'又《淮南子·齊俗訓》云:'故胡人彈骨,越人契臂,中國歃血也,所由各異,其於信,一也。'古多有此句法,以是明之。" 按此爲"一倒一奪例"。

(98)《新語·資質篇》:"夫窮澤之民,據犁嗃報之士,或懷不羈之才,身有堯舜皋陶之美。"

《四庫全書總目·子部儒家類一》云:"《新語》'據犁嗃報'之語,訓詁亦不可通,古書佚亡,今不盡見,闕所不知可也。"

"復按:'據犁嗃報'句有誤倒,驟不可理,今參稽群書,訂之如下:此文'嗃報'二字,與'據犁'當爲對文,詞性亦宜相同,循此求之,疑'報'爲'執'字之訛。《漢書·地理志》北海郡有斱縣,師古注曰:'斱即執字。'斱從爪,爲執之或體,與報形近,故誤。又隸書執字或作釰,《漢淳于長夏承碑》'釰憲彈繩',與報形體亦近。又嗃疑槅字之訛。《説文·木部》云:'槅,大車枙,從木,鬲聲。'段玉裁注云:'槅,《考工記》作鬲,大鄭云:鬲,謂轅端厭牛領者。'此文當云'據犁執槅之士'其義方順。今本執槅二字誤倒,又誤作嗃報,遂無有知其本義者矣。《鹽鐵論·散不足篇》云:'庶人之乘,馬足以代其勞而已,故行則服枙,止則就犁。'枙與槅通,亦以枙犁二字連用，可爲確證也。”[1]此爲“二形并誤而又誤倒例”。

原文本是像一團亂絲，所以前人説“訓詁亦不可通”。校者先從分析文句結構入手，理出一個頭緒，然後逐步抽引，使通順無滯，得其原委。這種校誤全憑推理，可算是校勘中高難度的例子。

① 《新中華》復刊第三卷11期，例(97)、(98)同。

第二章　篇章校勘

篇章校勘是對古籍的整篇或整章的校勘，與前一章所談的一字一句之校勘不同。先秦、兩漢古籍，由於歷時久遠，各家傳授不同，輾轉傳鈔，所以有些書的篇目標題，篇次及内容各方面，已不是原來的樣子，須要加以校勘整理，搞清它的原委。漢劉向校讎古書，也從事删除重複的篇章，考訂一書篇目次第，這些都是屬於篇章校勘的範圍。如：《禮記・樂記》孔穎達疏引鄭玄《三禮目録》説，這篇《樂記》是由《樂記》一書二十三篇中的十一篇合并而成的。孔疏云："按鄭《目録》云：'名曰《樂記》者，以其記樂之義。此於《别録》屬《樂記》。蓋十一篇合爲一篇，謂有《樂本》，有《樂論》，有《樂施》，有《樂言》，有《樂禮》，有《樂情》，有《樂化》，有《樂象》，有《賓牟賈》，有《師乙》，有《魏文侯》。今雖合此，略有分焉。'"孔疏又云："今《樂記》所斷取十一篇，餘有十二篇，其名猶在。二十四卷記無所録也。其十二篇之名，案《别録》十一篇，餘次：《奏樂》第十二，《樂器》第十三，《樂作》第十四，《意始》第十五，《樂穆》第十六，《説律》第十七，《季札》第十八，《樂道》第十九，《樂義》第二十，《昭本》第二十一，《招頌》第二十二，《竇公》第二十三，是也。案《别録》，《禮記》四十九篇，《樂記》第十九，則《樂記》十一篇入《禮記》也，在劉向前矣。至劉向爲《别録》時，更載所入《樂記》十一篇，又載餘十二篇，總爲二十三篇也，其二十三篇之目，今總存焉。”孔疏又引熊安生説：“今之《樂記》十一篇之次，與《别録》不同。”[①]按今《禮記·樂記》篇末有“子貢問樂”四字，即原來的篇名而没有删去的。“子貢問樂”即鄭玄《三禮目録》中之《師乙》篇。孔氏所引的這些資料以及他的論述，是非常寶貴的，基本上考明了《禮記·樂記》一文的原委。這也是篇章校勘的一種。篇章校勘應該先於其他校勘。因爲一本書的篇章刊定了，才能談得上字句的校勘。

近年出土的秦漢帛書簡牘很多，有《詩》《易》《儀禮》《老子》《孫子兵法》《尉繚子》等十數種，這些都是現在有書的，其它古佚書更多。出土的帛書簡牘與現在的書，不僅字句不完全相同，即篇目、章節亦有出入。這是校勘的重要資料。

下邊分别談有關篇章錯亂，需要校勘的幾種情況。

第一節　解説誤爲正文，另加篇名例

先秦古籍，正文與解説，經與傳記，分别很清楚，不相混雜，它的體例有三種：

一、經與傳記分别獨立成書。如《漢書·藝文志》裏有《春秋古經》，别有《左氏傳》《公羊傳》《穀梁傳》。有《詩經》，别有《魯故》《齊后故》《韓故》《毛詩詁訓傳》。近年安徽阜陽漢墓出土竹簡，有《詩》，無毛傳；有《易》，無十翼。這都説明漢以前經與傳都是分開的，各自成書的。

① 阮元：《十三經注疏》，第1527頁、1529頁。

二、正文、解説同在一書，但分别成篇。如《墨子》有《經上》《經下》，别有《經説上》《經説下》。《管子》有《牧民》《形勢》《立政》等篇，另有《牧民解》《形勢解》《立政九敗解》等篇。

三、一篇之中，前爲正文，後爲解説。如《儀禮》之《士冠禮》前爲經文，後爲記文，并標明"記"字。《儀禮》共十七篇，經文後附有記者有十三篇。近年馬王堆漢墓出土《老子》甲本卷後第一篇古佚書，無篇名。此篇前部分爲正文，正文迄，换一行。後爲解説，即屬這種類型。

但今存古籍，也有不按上述體例，使正文與解説分辨不清。有實爲解説，而編校者誤爲正文，并另標篇名的。如《管子·心術下》與《管子·内業》，内容相似。從古書解説的體例來看，《管子·心術下》應爲《内業篇》之解説。下邊舉一段爲例：

(1) 形不正，德不來，中不静，心不治，正形攝德，天仁地義，則淫然而自至。神明之極照乎知。萬物中義，守不忒。不以物亂官，不以官亂心，是爲中得。（《内業》）——正文

形不正者，德不來；中不精者，心不治。正形飾德，萬物畢得，翼然自來，神莫知其極。昭知天下，通於四極。是故曰：無以物亂官，毋以官亂心，此之謂内德。（《心術下》）——解説[①]

① 《管子》，中華書局《諸子集成》本，《内業》第 270 頁，《心術下》第 222 頁。

《心術下》文中用"是故曰"，下引《内業》文句，這是當時解説中之常用語式，可以證明《心術下》爲《内業篇》解説。何如璋《管子析疑》於《心術下》云："此篇乃《内業解》，因錯卷在此，遂附以《心術》標目，而分爲上下二篇。然其文俱見《内業》，惟顛倒錯亂耳。"按何説是。郭沫若《宋鈃尹文遺著考》謂《心術下》即《内業》之副本。郭在《管子集校》又謂即《内業》之别本。[①] 副本、别本與解説不同，郭氏説不及何如璋説確切。

又如《商君書》中《弱民》《説民》兩篇，其内容與《去强》篇相類似。三篇均由若干小節集合而成，節與節之間，文氣不聯，與《老子》體例相似。《去强》文字簡要，應爲較早的著作。今將三篇内容逐節排比，可以確定《弱民》爲《去强》前半部分的解説，《説民》爲《去强》後半部分的解説。舉數節爲例：

(2) 以强去强者弱，以弱去强者强。(《去强》)——正文

民弱國强，民强國弱。故有道之國，務在弱民。樸則强，淫則弱。弱則軌，淫則越志。弱則有用，越志則强。故曰："以强去弱者弱，以弱去强者强。"(《弱民》)——解説

國有禮有樂，有詩有書，有善有修，有孝有弟，有廉有辯。國有十者，上無使戰，必削至亡；國無十者，上有使戰，必興至王。(《去强》)——正文

辯慧，亂之贊也。禮樂，淫佚之徵也。慈仁，過之母也。任舉，奸之鼠也。亂有贊則行。淫佚有徵則用，過有母則

① 郭沫若：《管子集校》，第651頁。

生，奸有鼠則不止。八者爲群，民勝其政。國無八者，政勝其民。民勝其政，國弱。政勝其民，兵强。故"國有八者，上無以使守戰，必削至亡；國無八者，上有以使守戰，必興至王。"(《説民》)——解説[①]

從上引例子可以看出《弱民》《説民》兩篇的文體，都是每段先解説，然後用"故曰"、"故"引出正文。這可以證明這兩篇是《去强》的解説。

由於當時編校者不明《弱民》《説民》爲《去强》的解説，并且誤標篇名，使後來讀者不能深知其原委。《去强》等三篇的文字錯誤甚多，極爲費解。現在明確了三篇爲正文與解説的關係，就可以互相校訂謬誤，進一步理解文意。

第二節　解説與正文未加標明例

古書中，有前邊是正文，後邊是解説，而校者不察，未加劃分標明。如《儀禮・士相見禮》自"凡燕見於君"以下，言圖事、進言、侍坐、賜食、賜飲、執幣玉等儀，文體與經文不相似，與《禮記》文相近，應爲《士相見禮》之記。[②] 這是校者未加劃分標明，把記文混入經文。古書中也有把經文混入記文的。如《禮記・投壺》

① 見蒙季甫《商君書説民弱民篇爲解説去强篇刊正記》，載蔣禮鴻《商君書錐指・附録》，中華書局1986年版，第153頁、156頁。

② 阮元:《十三經注疏》，第977頁。

一篇，應爲逸禮，其性質與今《儀禮》中的《鄉飲酒禮》《鄉射禮》相同。但今入《禮記》，就成爲記文了。《投壺》篇自篇首至“正爵既行，請徹馬”，爲經文，其下爲記文。孔穎達疏，在篇首云：“投壺是士大夫禮，經云主人請賓，是平敵之辭，與鄉飲射同，是知士大夫也。”孔疏又於本經各節下云：“此一經明……”[①]是孔穎達亦以前爲經，後爲記。又《禮記・投壺》正經部分與《大戴禮記・投壺》無大出入，可見此經兩戴皆傳，而自“筭多少視其坐”起爲記文，則《禮記》與《大戴禮記》所記不同。孫希旦《禮記集解》於《投壺》篇首云：“大夫士與賓客燕飲，而投壺以樂賓，其禮如此，亦《儀禮經》之正篇也。”又在“正爵既行，請徹馬”下云：“以上《投壺》正經，以下爲記也。”[②]孫氏説極爲明確。

又如《管子》之《心術上》前一部分，從“心之在體”起，至“静因之道也”，爲正文。後一部分爲正文之解説。舉首節爲例：

(3) 心之在體，君之位也。九竅之有職，官之分也。心處其道，九竅循理。嗜欲充益，目不見色，耳不聞聲。上離其道，下失其事。毋代馬走，使盡其力；毋代鳥飛，使弊其羽翼。毋先物動，以觀其則。動則失位，静乃自得。(《心術上》)——正文

耳目者，視聽之官也。心而無與於視聽之事，則官得守其分矣。夫心有欲者，物過而目不見，聲至而耳不聞也。故

① 阮元：《十三經注疏》，第1665頁。
② 孫希旦：《禮記集解》第十三册，，商務印書館1934年版，第93頁。

曰"上離其道,下失其事"。心術者,無爲而制竅者也。故曰"君"。"無代馬走,無代鳥飛",此言不奪能能,不與下誠也。"毋先物動"者,搖者不定,躁者不静,言動之不可以觀也。"位"者,謂所立也。入主者立于陰,陰者静,故曰"動則失位"。陰則能制陽矣,静則能制動矣。故曰"静乃自得"。(《心術上》後部)——解説[①]

唐尹知章《管子注》已言此篇後部爲前部之解説,"非管氏之辭"。又説:"凡此書之解,乃有數篇,《版法》《勢》之屬,皆間錯不倫,處非其第。據此則劉向編授之日,由謂爲管氏之辭,故使然也。今究尋文理,觀其體勢,一似韓非之論,而韓有《解老》之篇,疑此《解老》之類也。"按尹説甚是。

第三節　正文夾解説例

上文提到古代正文與解説或分别成書,或分别成篇,或解説附于正文全文之後。後來有正文夾解説者,亦即正文夾注。正文與解説均單行,僅用大小字分别。(夾注用雙行,乃是後來才有。)正文與解説連綴,又無符號隔開,那就容易混淆不清。如《大戴禮記》的《夏小正》就是這樣。

(4) 正月,啟蟄。[言始發蟄也。]雁北鄉。[先言雁,而

① 《管子》,中華書局《諸子集成》本,第219頁。

後言鄉者何也？見雁而後數其鄉也。鄉者何也？鄉其居也。雁以北方爲居。何以謂之居？生且長焉爾。]九月，遰鴻雁。[先言遰，而後言鴻雁何也？見遰而後數之則鴻雁也。何不謂南鄉也？曰非其居也，故不謂南鄉。記鴻雁之遰也，如不記其鄉，何也？曰鴻不必當《小正》之遰也。][①]
（括號中爲解説，括號是編者所加。）

《夏小正》最早的古本，它的正文和解説大概不相連綴，分别是很清楚。鄭玄注《禮記・月令》引《夏小正》有九處。如“正月啟蟄”，“魚涉負冰”，“農率均田”等，都是《夏小正》的正文，故引文時直稱“《夏小正》曰”。而於《月令》“群鳥養羞”下注云：“《夏小正》曰：‘九月，丹鳥羞白鳥。’説者曰：‘丹鳥也者，謂丹良也。白鳥也者，謂閩蚋也。其謂之鳥者，重其養者也。有翼爲鳥。養也者，不盡食也。’”其中特標“説者曰”，區别正文。[②] 又郭璞注《爾雅》引《夏小正》正文，直稱“《夏小正》曰”，引《夏小正》的解説，則曰“《夏小正》傳曰”。如《爾雅・釋蟲》：“蜩，蜋蜩。”郭注云：“《夏小正》傳曰：‘蜋蜩者五采具。’”[③]可見東漢鄭玄、晉郭璞所見的《夏小正》，其正文與解説分别不混。及《隋書・經籍志》於《大戴禮記》十三卷外，又有“《夏小正》一卷，戴德撰”，後人遂相承以爲《夏小正》乃大戴所作，不分正文、解説，連綴成文。

---

① 王聘珍：《大戴禮記解詁》，中華書局 1983 年版，第 24 頁。
② 阮元：《十三經注疏》，第 1355 頁，第 1357 頁，第 1373 頁。
③ 阮元：《十三經注疏》，第 2638 頁。

後來的《水經注》也有經與注混淆不分的問題。《水經》舊説漢代桑欽撰，北魏酈道元作注。本應該經、注分明，但後來經唐宋時傳抄，竟把經注混淆，即將經文誤爲注文，或將注文誤爲經文。後經清全祖望、趙一清、戴東原等人細心校勘，才能基本上分清經注。

至於一般古書中注文誤入正文者，那例子很多。在前第一章第二節“衍文”裏，已經談到，這裏不再説了。

第四節　篇章次序倒置例

出土帛書簡牘，每與今本之篇章次序不同。如馬王堆帛書《老子》甲乙兩本，都是《德經》在前，《道經》在後。而現在《老子》各種本子，都是《道經》在前，《德經》在後。《韓非子・解老》先解《德經》第一章；解《道經》第一章在後。（個别章節，也有解《德經》的在解《道經》之後的。）似乎韓非所見《老子》的篇次與帛書《老子》甲乙本爲同一種本子；現在的《老子》，又是一個本子。

再帛書《老子》甲乙本的章次也有與今本《老子》不同的。如今本的二十四章，帛書甲乙本均在相當於今本的二十二章。今本的四十一章，帛書乙本在相當於今本的二十九章，甲本缺這一章。今本的八十章、八十一章，在甲乙本均在相當於今本的六十七章、六十八章。①

山東臨沂銀雀山西漢墓出土竹簡中有《孫子兵法》簡書二百

① 《馬王堆漢墓出土老子釋文》，載《文物》1974年11期。

多枚，二千四百餘字。篇名有十三篇與今本《孫子兵法》全書十三篇篇名基本相同。在出土竹簡同時，出土一些記篇題的木牘。原來大概是縛在竹簡之上的。其中一木牘是載《孫子兵法》的篇名，已殘缺，但其大致次序可以看出。竹簡《孫子兵法》篇次與今本不同。如今本《虚實》在《軍争》之前，簡本在《軍争》之後。今本《行軍》在《軍争》《九變》之後，簡本在《軍争》之前。今本《火攻》在《用間》之前，簡本在《用間》之後。[①]

再簡本於十三篇外，還有《吴問》〔《四變》〕《黄帝伐赤帝》《地形二》〔《見吴王》〕等篇。(其中用〔　〕的，原簡無名，由整理者暫定的。)而這幾篇又不載在篇名木牘之中。按《孫子兵法》一書的篇數，原來有兩説。《史記・孫子吴起列傳》云："闔廬曰：'子之十三篇，吾盡觀之矣。'"則《孫子兵法》爲十三篇。《漢書・藝文志》載："《吴孫子兵法》八十二篇，圖九卷。"則簡本十三篇之外的諸篇，或爲《孫子兵法》之佚文。

像這類篇次的不同，很難定其是非。應各仍其舊，保存下來。

又如今《戰國策》一書，也有一個篇章的問題。宋姚宏本，卷首爲《東周》，次爲《西周》。宋鮑彪本，首爲《西周》，次爲《東周》。其後學者從姚宏説的，如吴師道《國策校注》等，有從鮑彪説者，如張琦《戰國策釋地》等。主《西周》在首者，不外兩個理由：一、西周封在前(見張琦《戰國策釋地》)；二、西周正統(見鮑氏《戰國策序》)。諸祖耿《戰國策集注彙考》認爲當從姚宏本，其駁封

---

① 《銀雀山漢墓竹簡孫子兵法》，文物出版社 1976 年版。

國先後説云:"全書次序,燕封最早,今則居後;齊由田篡,不應先楚;宋、衛之封,并在秦前,烏得次於末尾哉? 先後之説非篤論也。"其駁西周正統説云:"自顯王二年,東、西周并爲列國,至王赧徙都西周,寄居郟鄏,王位雖在,虚名而已。……此時列國之西周,與列國之東周,分主理政。……并爲列國,并以君稱,而王赧之謂王者,徒寄居焉而已。"[①]諸先生説甚確。近來學者一般從姚本篇章次第,作爲定本。

第五節　分章分篇錯誤例

古書篇及章的題目,一般在一篇或一章之末。長沙馬王堆漢墓出土的帛書《老子》卷前四種佚書,都是題目在一篇或一章之後的。例如其中佚書《經法》。《經法》是作爲一個大篇,其中包括九個小篇:《道法》《國次》《君正》《六分》《四度》《論》《亡論》《論約》《名理》。這九個小篇的篇名都在每小篇之末。在第九小篇末的篇名《名理》後,再加上大篇篇名《經法》,并記明大篇總字數:"凡五千"。[②] 指《經法》全篇共五千字。這是古書篇及章的題目格式。

《楚辭》裏的《九歌》《九章》《七諫》《九懷》《九歎》《九思》等,也無不如此。又如《荀子》的《賦篇》,包括禮、知、雲、蠶、箴五個小篇,這些小篇的篇名也都寫在各小篇之末。上一節提到的《禮

① 諸祖耿:《戰國策集注彙考》,卷一,第 6 頁。

② 《馬王堆漢墓帛書:經法》,文物出版社 1976 年版。

記·樂記》是由十一小篇合成的,應該這十一篇都有篇名,記在各篇之末,可是這些篇名都被删去了,只有第十一篇的篇末,有"子贛問樂"四字。這四個字就是篇名,没有删去,還保存着。

有的編者,不明古書篇章的體例,因此鬧出笑話。下邊録蔣禮鴻《古漢語通論》中所舉的一例:

(5) 晉陸雲《九愍》爲仿屈原《九章》之作,篇名居首,章名在每章之末。但宋代編刻《陸士龍文集》時,不知此例,把最後一章的題目給删去,把第一章記在章末的題目誤爲第二章題目,第二章以下各章附在章末的題目都誤認爲下章的題目。因爲編者把第二章記在章末的題目《涉江》當作第三章的題目,而原屬第二章的亂辭有"念兹涉江,懷故鄉兮"的話,就以爲這段亂辭應該歸入下章,把它移到題目《涉江》之後,作爲下章的開頭,以後有兩章末了有亂辭的,也如法炮製地移在題目之後,并入下章。辭賦中的亂辭,按一般的理解是一篇或一章的總結,是决不會不倫不類地放在篇章之首的。因不知小題後置之例,把古書弄得割裂錯亂,面目全非。①

後人對古書的分章、分篇也常有錯誤。俞樾《古書疑義舉例》卷七,列爲兩例。今各選録一則:

① 蔣禮鴻:《古漢語通論》,浙江人民出版社1984年版,第404頁。

(6)《分章錯誤例》:"《詩·關雎篇》:'《關雎》五章,章四句。故言三章:一章章四句,二章章八句。'釋文曰:'五章是鄭所分;故言以下是毛公本意,後放此。'按《關雎》分章,毛、鄭不同,今從毛不從鄭。竊謂此詩當分四章,每章皆有'窈窕淑女'句。凡四言'窈窕淑女',則四章也。首章以'關關雎鳩'興'窈窕淑女',下三章皆以'參差荇菜'興'窈窕淑女'。惟第二章增'求之不得;寤寐思服,悠哉悠哉,展轉反側'四句,此古人章法之變。'求之不得'正承'寤寐求之'而言,鄭分而二之,非是。毛以此章八句,遂合三、四章爲一,使亦成八句,則亦失之矣。" 按俞説可備一説。

(7)《分篇錯誤例》:"《吕氏春秋·貴信篇》:'管子可謂能因物矣。以辱爲榮,以窮爲通,雖失乎前,可謂後得之矣。物固不可全也。'按《貴信篇》文,止於'可謂後得之矣',言管仲失乎前而得乎後,其意已足。'物固不可全也',乃下《舉難篇》之起句,故其下云:'由此觀之,物豈可全哉?'正與起句相應也。今本誤。"①

① 俞樾:《古書疑義舉例》,例(6)第104頁,例(7)第105頁。

第三章　句讀及標點校勘

古人著書，一般不加句讀，後來讀者或加上句讀，或在注釋中説明某處絶句。近幾十年來爲了便於閲讀古書，又開始加上了標點符號。從此句讀、標點就成爲古書的一個組成部分。漢代鄭玄注經，當然以訓釋字義爲主，但亦兼及校勘文字，并談到句讀的問題。唐陸德明《經典釋文》常列舉幾種句讀，并辨其是非。我們今天整理古籍的最終目的，是便於讀者閲讀，使得到正確的理解，所以後人加於古書的句讀和標點，也成爲當前校勘工作的對象。

第一節　句讀校勘

一　釋句讀

句讀亦即句逗。《説文》五上：“丶，有所絶止，丶而識之也。”丶就是古人用來斷句的符號。丶今音之庾切，古音則讀如豆。後人假用讀書的讀字，故稱句讀。《説文》十二下：“√，鉤識也。從反亅，讀若窡。”居月切。段玉裁注云：“鉤識者，用鉤表識其處也，褚先生補《滑稽傳》：東方朔上書凡用三千奏牘。人主從上方讀之，‘止，輒乙其處。二月乃盡。’此非甲乙字，乃正√字也。今人讀書有所鈎勒即此。"[1]按√字後來轉用"句"字,亦爲斷句的符號。現在出土的秦漢竹簡、帛書常用的符號有"·""。""√"三種。如馬王堆帛書《老子》乙種卷前古佚書《稱》,每章之間用"·"隔開。馬王堆帛書《戰國縱横家書》亦用"·"隔開章節。馬王堆帛書《伊尹·九主》用"√"斷句。武威出土的西漢《儀禮》簡策有大圓點、中圓點、小點、圓圈、鈎識等多種符號,作篇號、章句號,句讀號等。[2]《流沙墜簡》内《屯戍叢殘》一簡作"隧長常賢√充世√綰√禓等候虜稾郡界中門戍卒王韋等十八人皆相從。"王國維云:"隧長四人,前三人名下皆書√以乙之,如後世之施句讀。蓋以四人名相屬,慮人誤讀故也。"[3]從以上情況看,古人的逗、句、章的符號已經産生,但還没有普遍使用和嚴格規定。

古人對句讀十分重視。《禮記·學記》:"比年入學,中年考校。一年視離經辨志。"鄭玄注:"離經,斷句絶也。"孔穎達疏:"謂學者初入學一年,鄉遂大夫於年終之時考視其業。離經,謂離析經理,使章句斷絶也。"[4]

今人讀古書每感到斷句很難,即古人讀當時的書也會感到困難。《後漢書·列女傳》:"《漢書》始出,多未能讀者。同郡馬融伏於閣下,從昭受讀。"[5]馬融是一位經學大師,離班固僅三四十年,已感到《漢書》難讀。何休《公羊傳序》:"講誦師言,至於百

① 段玉裁:《説文解字注》,蘇州刻本,五上,第52頁;十二下,第44頁。
② 《武威漢簡》,文物出版社1964年版,第71頁。
③ 王國維:《流沙墜簡》,《屯戍叢殘》第22頁。
④ 阮元:《十三經注疏》,第1521頁。
⑤ 王先謙:《後漢書集解》,中華書局1984年版,第973頁。

萬，猶有不解，時加讓嘲辭，援引他經，失其句讀，以無爲有，甚可閔笑者，不可勝記也。”[1]下邊舉一個例子，説明西漢經師也會有誤讀的情況。

(1)《周禮・秋官・大行人》：“凡諸侯之邦交，歲相問也，殷相聘也，世相朝也。”

按“凡諸侯之邦交”應在“交”字讀斷，總目問、聘、朝三事。如《秋官・司儀》云：“凡諸侯之交，各稱其邦而爲之幣，以其幣爲之禮。”此“凡諸侯之交”猶《大行人》之“凡諸侯之邦交”。可是《大戴禮記・朝事》：“故天子之制，諸侯交歲相問，殷相聘。”[2]此本《周禮・大行人》文，乃以“交”字連“歲”讀，屬下，作“交歲相問”，顯然是誤讀。《大戴禮記》的作者是誰，很難確定，但決不會遲於西漢。

《韓非子・外儲説左下》記載一段故事，説：“哀公問於孔子曰：‘吾聞夔一足，信乎？’曰：‘夔，人也，何故一足？彼其無他異，而獨通於聲，堯曰：夔一而足矣。使爲樂正。故君子曰：“夔有一，足。”非一足也。’”[3]哀公由於把四字連讀，造成笑話。如果在“一”字後點斷，就文通字順了。這個故事，一方面説明句讀之

① 阮元：《十三經注疏》，第 2191 頁。

② 阮元：《十三經注疏》，第 893 頁。又王聘珍《大戴禮記解詁》，第 235 頁。

③ 陳奇猷：《韓非子集解》，上海人民出版社 1974 年版，第 686 頁。

難，同時又説明句讀對理解文義的重要關係。

有一件事不易理解，大家既然感到句讀困難，可是秦漢之間帛書、簡牘，一般不加句讀；開始有印刷之後，古書也不加句讀。到宋代有幾種經傳的刻本加句讀，但也没有普及。清人高郵王氏自刊之書，自加句讀，這真是方便讀者。

古書一般不加句讀，那麽怎樣知道前人句讀錯誤而加以校正呢？主要根據古書的注釋。例如：

(2)《漢書・張釋之傳》：上登虎圈問上林尉禽獸簿十餘問尉左右視盡不能對虎圈嗇夫從旁代尉對(《補注》：先謙曰……)上所問禽獸簿甚悉欲以觀其能口對響應無窮者。[①]

按前人注書之例，都在斷句處加注。王先謙《漢書補注》於"代尉對"後加注，那王氏認爲在"對"字斷句。這樣斷句是錯誤的。應是"虎圈嗇夫從旁代尉對上所問禽獸簿甚悉"十七字爲一句。是説：嗇夫代上林尉回答皇上所問的，非常詳細。如果依王氏斷句，則"甚悉"是指文帝的發問，跟下文"欲以觀其能口對"不相應。

這是從注者加注之處，辨别注者的斷句。

有時可從注者的解説中辨别注者的斷句。如：

(3)《禮記・檀弓上》：將軍文氏之子其庶幾乎亡於禮

① 王先謙：《漢書補注》，第1081頁。

者之禮也其動也中。

按孔穎達疏云:"言文氏之子庶幾堪行乎無於禮文之禮也。"[①]這説明孔氏把"庶幾乎"連下文,不斷。陳澔《禮記集説》:"文氏之子,其近於禮乎！雖無此禮而爲之禮,其舉動皆中節矣。"[②]陳氏以"其庶幾乎"爲一句。陳氏的斷句是對的。《易·繫辭傳下》:"子曰:顔氏之子,其殆庶幾乎！其不善,未嘗不知;知之,未嘗復行也。"[③]以"庶幾乎"爲句,與《檀弓》句式同,可證。

有時在注中提及前人的句讀。如:

(4)《論語·鄉黨》:廄焚子退朝曰傷人乎不問馬。

鄭玄注:"重人賤畜。"邢昺疏:"孔子罷朝退歸,承告而問曰:廄焚之時得無傷人乎?不問傷馬與否,是其重人賤畜之意。'不問馬'一句,記者之言也。"[④]

按鄭、邢的句讀是:"廄焚,子退朝,曰:'傷人乎?'不問馬。"又陸德明《經典釋文·論語音義》:"'曰傷人乎。'絶句。一讀至'不'字絶句。"[⑤]那末依陸氏之説,還有一種句讀,在"不"下斷句,"不"字同"否"。這樣句讀,意思是孔子問"傷人没有?"然後再問

① 阮元:《十三經注疏》,第 1286 頁。

② 《四書五經》,《禮記》第 38 頁。

③④ 阮元:《十三經注疏》,第 88 頁,第 2495 頁。

⑤ 陸德明:《經典釋文》,商務印書館《四部叢刊》影印本,二十四卷《論語》第 12 頁。

馬的情况。不是“不問馬”，而是先問人，後問馬。跟鄭、邢的句讀不同，理解文意也就不同。

有時從引文中可以瞭解前人的句讀。如例(4)，《鹽鐵論·刑德》也引用這件事，云：“魯厩焚，孔子罷朝，問人不問馬，賤畜而重人也。”[①]則知《鹽鐵論》以“不問馬”爲句。又如：

(5)《論語·爲政》：舉善而教不能，則勸。

按今於“能”字逗。但古人引此句，亦有於“教”斷句的。如漢應劭《風俗通·過譽》載汝南太守歐陽歙下教云：“蓋舉善以教，則不能者勸。”《三國志·倉慈傳》裴注引《魏略》：“舉善以教，恕以待人。”又《三國志·顧邵傳》：“舉善以教，風化大行。”[②]則可知漢魏間引《論語》有於“教”字斷句，跟現在不同。

古書一般雖沒有句讀，從上面説的四個方面，可以瞭解後來作注釋的或引用的人於某處斷句，某處連讀。從而辨别他句讀的對與不對，校正他錯誤的地方。

二 句讀校勘舉例

句讀錯誤有各種情况。這裏以常見者各舉數例。有當斷而

① 桓寬：《鹽鐵論》，中華書局《諸子集成》本，第56頁。

② 應劭：《風俗通》，掃葉山房《百子全書》本，卷四，第1頁。《三國志》，中華書局1959年版，第514頁，第1229頁。

不斷者。

(6)《詩・鄭風・緇衣》:"緇衣之宜兮,敝予又改爲兮,適子之館兮,還予授子之粲兮。"

楊樹達《古書句讀釋例》:"舊讀敝予六字爲句,還予七字爲句,下二章同。故舊題云《緇衣》三章章四句。顧炎武《詩本音》云:'舊作三章章四句,今詳敝字當作一句,還字當作一句。難屬下文。當作三章章六句。'"① 據顧氏則應作"敝,予又改爲兮";"還,予授子之粲兮"。

(7)《禮記・檀弓上》:"孔子之喪,有自燕來觀者,舍於子夏氏。子夏曰:聖人之葬人與人之葬聖人也,子何觀焉?"

《古書句讀釋例》:"鄭注云:'與,及也。'是以'聖人之葬人'以下十二字爲一句。孔疏引王肅云:'"聖人葬人與"屬上句。以言若聖人葬人與,則人庶有異聞,得來觀者。若人之葬聖人,與凡人何異? 而子何觀之?'是以聖人以下分作二句讀。今按王讀是,鄭讀非也。" 按"聖人之葬人與?"是反問句。言此非聖人之葬人,乃人之葬聖人,有什麽可觀呢? 王氏句讀較妥。

(8)《淮南子・説山》:"文公棄荏席,後黴黑,咎犯辭歸。"

王念孫《讀書雜志・淮南内篇第十六》:"高注曰:'普文公棄其卧席之下黴黑者,咎犯感其捐舊物,因辭歸。'引之

---

① 楊樹達:《古書句讀釋例》,例(6)第6頁,例(7)第9頁。

曰:高讀棄茬席後黴黑爲一句。非也,棄茬席爲句,後黴黑爲句。謂於衽席則棄之,於人之黴黑者,則後之也。《韓非子·外儲説左篇》云:'文公反國,至河,令籩豆捐之,席蓐捐之,手足胼胝、面目黧黑者後之。咎犯聞之,再拜而辭。'是其證。《説苑·復恩篇》同。"[①] 按高誘注釋誤,句讀亦誤。王説甚確。

有不當斷而斷者。如:

(9)《左傳·僖二十三年》:"夫有大功而無貴仕,其人能靖者與有幾?"

陸德明《經典釋文》:"'其人能靖者與'絶句。與,音餘,幾,居宜反。"[②]王引之《經傳釋詞》卷一云:"言能靖者有幾也。與,語助也。'與有幾'三字連讀。《釋文》曰:'其人能靖者與,音餘,絶句。'失之。《襄二十九年》曰:'是盟也,其與幾何?'言其幾何也。《周語》:'若壅其口,其與能幾何?'言能幾何也。韋注:'與,辭也。'《晉語》:'諸臣之委室而徒退者,將與幾人?'言將幾人也。又《昭十年左傳》曰:'其居火也久矣,其與不然乎?'言其不然乎也。《周語》曰:'余一人其流辟於裔土,何辭之與有?'言何辭之有也。《晉語》:'亡人何國之與有?'言何國之有也。《越語》:'如寡人者,安

① 王念孫:《讀書雜志》,第912頁。
② 阮元:《十三經注疏》,第1814頁。

與知耻?'言安知耻也。又《孟子・滕文公篇》:'不由其道而往者,與鑽穴隙之類也。'與字皆爲語助,無意義也。"①

陸德明以"與"作句末疑問語氣助詞用,王引之以"與"作句中助詞用,故二者句讀亦不同。王説可信。

(10)《禮記・曾子問》:"子游之徒,有庶子祭者,以此若義也"。

鄭玄於"此"字下注:"以,用也。用此祭禮也。"又於"也"字下注:"若,順。"王引之《經義述聞・禮記中》:"鄭讀'以此'爲一句,'若義也'爲一句。注曰:'若,順也。'《正義》曰:'謂順于古義。'今案'以此若義也'五字,當作一句讀。以,用也。此若義,猶言此義。言子游之徒,有庶子祭者,用此義也。下文曰'今之祭者,不首其義,故誣於祭也。'正謂子游之徒用此義,而今之祭者不用此義也。'此若'二字連讀,若,亦此也。古人自有複語耳。《荀子・儒效篇》曰:'行一不義,殺一無罪,而得天下,不爲也,此若義信乎人矣。'《管子・山國軌篇》曰:'此若言何謂也。'《地數篇》曰:'此若言可得聞乎?'《輕重丁篇》曰:'此若言曷謂也?'《墨子・尚賢篇》曰:'此若言之謂也?'《節葬篇》曰:'以此若三聖者觀之。'又曰:'以此若三國者觀之。'《史記・蘇秦傳》曰:'王何不使辯士以此若言説秦。'皆并用'此若'二字"。②　按"此若"同義連用。王説是。

① 王引之:《經傳釋詞》,第19頁。
② 王引之:《經義述聞》,第347頁。

有當屬上，而誤屬下者。如：

(11)《左傳·僖公二十三年》："及曹，曹共公聞其駢脅，欲觀其裸。浴，薄而觀之。"

《經典釋文》："聞其駢脅，絶句。……欲觀，絶句。一讀至裸字絶句。"[①]楊樹達《古書句讀釋例》："按曹君之所欲觀，固在駢脅，然非重耳裸，則駢脅不可得觀。故傳云'欲觀其裸'耳。據文勢'其裸'應屬上。陸所舉一讀是。"[②]

(12)《左傳·昭三年》："小邾穆公來朝。季武子欲卑之，穆叔曰：'不可。曹滕二邾，實不忘我好。敬以逆之，猶懼有貳，又卑一睦焉，逆群好也。其如舊而加敬焉。志曰：能敬無災。又曰：敬逆來者，天所福也。'季孫從之。"

《經典釋文》："實不忘我好，絶句。一讀以好字向下。"阮元《校勘記》："宋本以好字絶句。"[③] 按以"好"字絶句者是。"敬以逆之"，與下文"敬逆來者"相應。

(13)《漢書·蒯伍江息夫傳》："客謂高皇帝曰：'時可矣！'高帝曰：'待之，聖人當起東南。'間不一歲，陳吴大呼，劉項并和，天下響應。"

顔師古注："中間不經一歲也。"[④]吴恂《漢書注商》："東

---

① 阮元：《十三經注疏》，第 1815 頁。

② 楊樹達：《古書句讀釋例》，第 37 頁。

③ 阮元：《十三經注疏》，第 2032 頁，第 2038 頁。

④ 王先謙：《漢書補注》，第 1034 頁。

南間,言東南之間也。顔氏于‘南’字絶句,而以‘間’字下屬,且讀爲古莧切,則上下俱木强而病矣。”①

有當屬下,而誤屬上者。如:

(14)《詩・小雅・魚麗》:“君子有酒,旨且多。”

《經典釋文》:“‘有酒旨’絶句,‘且多’此二字爲句。後章放此。異此讀則非。”②黄焯《關於〈經典釋文〉》:“案:對於這句詩的解釋,歷來頗有異同,但大體都以‘旨且多’爲句。例如顧鎮《虞東學詩》云:‘《釋文》以“君子有酒旨”爲句,以就箋訓。其實康成未嘗作此句讀也。箋云:酒美而此魚又多。明以下三字爲句矣。以多屬魚者,其意以下章物字當爲魚也。’馬瑞辰《毛詩傳箋通釋》云:‘凡詩言且者,多連上爲句,《正義》讀是也。’今觀此詩‘旨且多’(二、三章之‘多且旨’、‘旨且有’同)都是就‘酒’而言。‘且’字表示進展,主語都承上面‘酒’字省略。在這三章詩中,共用了六種魚名:鱨、鯊、魴、鱧、鰋、鯉,足以表現種類之多,既無須專用‘且多’重複説明,詩人也不會把‘且多’二字分屬説魚。因此,在‘酒’字後斷句是對的。《釋文》的斷句是錯的。不可從。”③

---

① 吴恂:《漢書注商》,上海古籍出版社 1983 年版,第 120 頁。
② 阮元:《十三經注疏》,第 417 頁。
③ 黄焯:《關於經典釋文》,載《訓詁研究》第 1 輯。

(15)《周禮·春官·御史》:"掌贊書,凡數從政者。"

鄭玄注:"自公卿以下至胥徒,凡數及其現在空缺者。鄭司農讀言:'掌贊書數。'書數者,經禮三百,曲禮三千,法度皆在。玄以爲不辭,故改之云。"《經典釋文》:"數凡,所主反。"孫詒讓《周禮正義》卷五十二:"孔繼汾云:'數字本在凡字上,與上文書字相屬,故先鄭得讀爲掌贊書數。後鄭改其句讀,非改其文也。至注言凡數,乃指其所數自公卿以下至胥徒,凡從政者之凡數。非迭經文發訓也。似當從《釋文》爲得。'洪頤煊云:'數凡,謂計其總從政者。若作凡數則義不可通矣。今本由後人誤乙。'案孔洪説是也。"① 按此當作:"掌贊書,數凡從政者。"這是説御史負責兩事,一是負責製作文書,二是統計所有在職之官吏。"數",動詞,"凡從政者"是它的賓語。這樣句讀,意思非常清楚。

(16)《管子·權修》:"上好詐謀間欺,臣下賦斂競得。"

《管子集校》:"豬飼彦博云:'上好詐謀句,間,覗也。言覗察下情而欺誑之。'沫若案:當讀爲'上好詐謀間欺'句,'臣下賦斂競得'句。蓋既言競得,則必有集體名詞以爲其主語。宋本尹注:'間,隔也。有所隔礙而欺誑也。'本在'間欺'二字下。足見前人本讀'上好詐謀間欺'句。明本始將尹注移於'臣'下,故生糾葛。"②

(17)《史記·伯夷列傳》:"伯夷叔齊雖賢,得夫子而名

① 孫詒讓:《周禮正義》,卷五二,第6頁後。
② 郭沫若:《管子集校》,第43頁。

益彰。顔淵雖篤學,附驥尾而行益顯。巖穴之士,趣舍有時若此,類名堙滅而不稱。悲夫!”

楊樹達《古書句讀釋例》:“舊讀以‘若此類’連讀。黄君侃云:‘類字當屬下讀。’樹達案黄説是也。《史記·酷吏傳》云:‘大抵吏之治,類多成由等矣。’《漢書·賈誼傳》云:‘夫移風易俗,使天下回心而鄉道,類非俗吏之所能爲也。’類字用法并同。”①

(18) 陶淵明《桃花源記》:“問今是何世,乃不知有漢,無論魏晉。此人一一爲具言,所聞皆歎惋。”(中華書局版《古文觀止》的句讀)

“所聞”指漁人所聞之事,跟“聞者”不同,“聞者”則指聽到的人。中華版標點者不明“所”、“者”用法不同,因誤將“所聞”屬下。

有時幾種不同的句讀,似乎都可講通。著者本人又没有句讀,無法定其是非,只能説“數讀皆可”,這也是一種不得已的辦法。如:

(19)《論語·爲政》:“子曰:吾與回言終日,不違如愚,退而省其私,亦足以發,回也不愚。”

楊樹達《古書句讀釋例》:“《李文公集·答王載言書》引‘子曰吾與回言’,不連及下文。《論語集注考證》云:‘張師

① 楊樹達:《古書句讀釋例》,第73頁。

曾校張達善點本謂“吾與回言終日”。自《集注》取李氏之説,始讀爲句絶。前此儒先亦以“吾與回言”爲句。’樹達按:‘終日’爲表時狀字,或狀上‘言’字,或狀下‘不違’,兩皆可通。”①

(20)《論語·八佾》:“祭如在,祭神如神在。子曰:吾不與祭,如不祭。”

楊樹達《古書句讀釋例》:“舊讀以‘吾不與祭’爲句。武億云:‘當以與字斷。祭如不祭,義自豁然矣。《周禮·大宗伯》:“若王不與,祭祀則攝位。凡大祭祀,王后不與,則攝而薦豆籩。”《外宗》:“王后不與,則贊宗伯。”《祭僕》:“凡祭祀,王之所不與。”是自《周官》所著,皆可歷據。考《昌黎集·讀墨子》云:“孔子祭如在,譏祭如不祭者。”况朱子《集注》明言或有故不得與,則朱子亦明以不與屬句矣。’樹達案:此兩讀皆可通。”②

(21)《孟子·盡心下》:“晉人有馮婦者,善搏虎,卒爲善士。則之野,有衆逐虎。虎負嵎,莫之敢攖。望見馮婦,趨而迎之。馮婦攘臂下車。衆皆悦之,其爲士者笑之。”

楊樹達《古書句讀釋例》:“此凡兩讀,舊讀‘卒爲善士’絶句,‘則之野’絶句。宋劉昌詩《蘆浦筆記》云:‘此恐合以卒爲善爲一句,士則之爲一句,野有衆逐虎爲一句。蓋有搏虎之勇而能卒爲善,故士以爲則;及其不知止,則

① 楊樹達:《古書句讀釋例》,第121頁。
② 楊樹達:《古書句讀釋例》,第122頁。

士以爲笑也。'周密《志雅堂雜鈔》云:'前云士則之,後云其爲士者笑之,文義相屬。'(又見周氏《癸辛雜識續集》上卷)明楊慎、李豫亨説同。閻若璩云:'古人文字序事未有無根者,惟馮婦之野,然後衆得望見馮婦。若如宋周密、明楊慎斷士則之爲句,以與末其爲士者笑之相照應,而野字遂屬下。野但有衆耳,何由有馮婦來?此爲無根。'樹達按:閻説固是,然如其説,則'其爲士者笑之'士字亦無根矣。此兩讀皆可通。"①

第二節　標點校勘

句讀主要是斷句,而標點符號則除斷句外,還要標明句子的語氣、某些詞的性質、引語對話的起迄等,它比句讀完善。近幾十年,開始標點古書,作爲古籍整理的一項重要工作。如標點《通鑒》《二十四史》及其他重要古籍,這對閱讀古書有很大幫助。但是標點古書不是一件很簡單的工作,常有標點錯誤,須要不斷校勘,臻于完善。吕叔湘先生曾受出版社委託對1956年版《通鑒》標點本,作一次標點方面的校勘。吕先生在校勘之後,另寫一篇《通鑒標點瑣議》。選出有代表性的例子一百三十二個,從標點錯誤情況和錯誤原因兩個方面,歸納成三十條,非常精確。這標點校勘三十條,真可與王念孫《讀淮南雜志自序》中歸納的

① 楊樹達:《古書句讀釋例》,第124頁。

字句校勘六十二條相媲美。這對從事標點古書及校勘工作者很有幫助。兹録三十條目於下：

一、當斷不斷之例

二、不當斷而斷之例

三、“而”、“以”之前斷否不當之例

四、謀事誤爲成事之例

五、成事誤爲謀事之例

六、當屬上而屬下之例

七、當屬下而屬上之例

八、點斷錯誤以致張冠李戴之例

九、兼承誤爲單承之例

十、貫通誤爲中斷之例

十一、插叙誤爲正文之例

十二、層次錯亂之例

十三、不當用而用引號之例

十四、當用引號而不用之例

十五、引文上溢之例

十六、引文下衍之例

十七、引文不足與中斷之例

十八、當用問號而用句號、嘆號之例

十九、專名誤爲非專名之例

二十、非專名誤爲專名之例

二十一、姓名與封爵、郡望混淆之例

二十二、因不計人數而誤之例

二十三、因不明地理而誤之例

二十四、因不明物理而誤之例

二十五、因不明制度而誤之例

二十六、因不明詞義而誤之例

二十七、因不諳文體而誤之例

二十八、因信任胡注而誤之例

二十九、因只校不改而誤之例

三十、因失校而誤之例

兹擇其最常見者,分六類舉例説明,選用了《通鑒標點瑣議》裹部分例句,并加入其他書中誤用標點的例子。

一　不明詞義誤用標點例

因誤解詞義而錯用標點的,這類例子很多。

(22)〔誤〕《通鑒・王莽始建國二年》:"周有泉府之官,收不售與欲得。"(中華書局1956年標點本,第1181頁)

〔正〕收不售,與欲得。

"收不售與欲得"六字句,義欠明確。看胡注引顔師古的話:"言賣不售者(售:賣掉),官收取之;無而欲得者,官出與之。"可知"與"是動詞,非連詞。"不售"後應有逗號。標點本《漢書・食貨志》不誤。[1]

---

[1] 吕叔湘:《通鑒標點瑣議》,載《中國語文》1979年第1、2期。本章所引《通鑒》之例,均引自該文。以下不再注出處。

(23)〔誤〕《通鑒·漢獻帝興平二年》:“洪于大義,不得不死;念諸君無事,空與此禍,可先城未敗,將妻子出。”(第1976頁)

〔正〕念諸君無事空與此禍。

臧洪守東郡,糧盡援絶,叫部下將士和百姓棄城逃命。“無事”,没有必要,犯不上之意,連下爲句,不當有逗。

(24)〔誤〕《通鑒·梁武帝天監元年》:“壽陽多其義,故皆受慰唁;唯不見夏侯一族,以夏侯詳從梁王故也。”(第4516頁)

〔正〕壽陽多其義故,皆受慰唁。

前十字意不連貫,因割裂“義故”一詞。義故謂故舊屬吏。梁武帝將篡位,殺害齊室諸王,鄱陽王蕭寶寅逃到壽陽,壽陽地方有很多從前的屬吏,都來慰唁,蕭寶寅都接受,就是不見夏侯一姓,因爲夏侯詳附從仇敵梁王(梁武帝)。

(25)〔誤〕《三國志·魏志·夏侯玄傳》注引《魏略》:“及宣王奏誅(曹)爽,住車闕下,與(李)豐相聞,豐怖,遽氣索,足委地不能起。”(中華書局1982年標點本,第301頁)

〔正〕豐怖遽氣索,足委地不能起。

按:“怖遽”乃同義複詞,遽亦怖也。本文注引《魏略》:“大將軍聞(許)允前遽,怪之曰:‘我自收豐等,不知士大夫何爲忽忽乎?’是時朝臣遽者多耳,而衆人咸以爲意在允也。”“遽”與“懼”音同義通,《廣雅·釋詁二》:“遽,懼也。”《左傳·襄公三十一年》:“豈不遽止。”杜預注:“遽,畏懼也。”《廣韻·去聲·九御》釋“遽”字曰:“亦戰慄也。”此均有怖義之證。"怖遽"一詞,亦古人恒語。《方言》卷十:"江湘之間,凡窘猝怖遽謂之潤沭,或謂之征忪。"遽,字亦作"懅"。《廣雅·釋訓》:"潤沭,怖懅也。"點校本割裂此詞,誤。[1]

(26)〔誤〕《三國志·魏志·閻温傳》注引《魏略》:"今日出,得死,友在外,當來拜。"(第 552 頁)

〔正〕今日出,得死友在外,當來拜。

"死友"乃當時習語。《後漢書·獨行·范式傳》載范式(字巨卿)與張劭(字元伯)事曰:"式仕爲郡功曹。後元伯寢疾篤,同郡郅君章、殷子徵晨夜省視之。元伯臨盡,歎曰:'恨不見吾死友!'子徵曰:'吾與君章盡心於子,是非死友,復欲誰求?'元伯曰:'若范巨卿,烈士也,可以托死。吾歿後,但以屍埋巨卿户前。'乃裂素爲書,以遺巨卿……時式出行適還,省書見瘞,愴然感之,向墳揖哭,以爲死友。"由此可見,孫賓碩以趙岐爲"死友",蓋謂趙岐可託付身後之事。今割裂"死友"一詞,遂致語句破碎,不成文義。[2]

(27)〔誤〕《三國志·魏志·華佗傳》:"復與兩錢散,成得藥去,五六歲。"(第 803 頁)

〔正〕復與兩錢散。成得藥,去五六歲。

"去"即是"弆"字,與"藏"同義。本傳裴注也明説"古語以藏爲去"。在訓詁方面説,即所謂兩義不嫌同辭。那末,

① 吴金華:《三國志解詁》,《南京師院學報》1981 年第 3 期。
② 吴金華:《三國志校點拾遺》,《中國史研究》1984 年第 4 期。

這個“去”字就應屬下讀,“散”字和“歲”字都應句絶。[1]

(28)〔誤〕《後漢書・光武十王列傳》:“今天下新罹大憂,惟陛下加供養皇太后,數進御餐。臣强困劣,言不能盡意。願并謝諸王。”(中華書局1982年標點本,第1424頁)

〔正〕惟陛下加供養,皇太后數進御餐。

按,强臨死前講的這段話有三層意思,即請陛下多保重,請皇太后多保重,并請向諸王致意。而依原標點,則只剩了兩層意思。豈有强臨終給皇帝上疏,只致意于皇太后和諸王,而不致意于皇帝本人之理?校點者此誤,蓋因不明“加供養”這一熟語,望文生訓而致。今按:“加供養”猶今人言多吃點,穿暖和點,與“數進御餐”一樣,皆可抽象地理解作多保重的意思,乃古人所用之熟語,後面不帶賓語。檢同卷顯宗制詔許太后結尾有“太后其保養幼弱,勉强飲食”一句,又特賜蒼及琅邪王京書結尾有“願王寶精神,加供養。苦言至戒,望之如渴”之語,則知非獨“加供養”爲當時人熟語,且“惟陛下加供養,皇太后數進御餐”一類的話,實乃漢人書札結尾時常用之致意語。[2]

(29)〔誤〕《歸田録・佚文》:“吕中令蒙正,國朝三入中書,……公生於洛中,祖第正寢至易,簀亦在其寢。”(中華書局1981年版第43頁)

〔正〕公生於洛中祖第正寢,至易簀亦在其寢。

---

① 錢劍夫:《三國志校點本商榷》,《中國語文》1978年第2期。

② 金小春:《後漢書標點本失誤數例》,《中國語文》1984年第6期。

按"易簀"語出《禮記・檀弓》。生於祖第,歿于祖第,即《禮記・檀弓》"歌於斯,哭於斯,聚國族於斯"文意,古人所尚。"易簀"不可割裂。[①]

二　不明專名誤用標點例

專名範圍很廣,數量多。有的時代不同,名稱不同。如果不熟悉,就産生誤用標點的事。這裏舉一些由於不明職官制度、地理而誤用標點的例子。

甲、不明職官制度而誤用標點。

(30)〔誤〕《通鑒・漢武帝元光元年》:"冬,十一月,初令郡國舉孝、廉各一人,從董仲舒之言也。"(第 576 頁)

〔正〕初令郡國舉孝廉各一人。

孝、廉分科,前所未聞。"各一人"謂一郡一人,一國一人。

(31)〔誤〕《通鑒・漢哀帝元壽元年》:"上詔公卿大夫悉心陳過失;又令舉賢良、方正、能直言者各一人。"(第 1109 頁)

〔正〕又令舉賢良方正能直言者各一人。

賢良方正能直言總爲一科。"各一人"謂公卿大夫每人舉薦一人,非分爲三科、科各一人也。標點本《漢書・哀帝

① 王邁:《古書標點失誤舉例》,《中國語文》1983 年第 6 期。

紀》在這裏没有加頓號，本書五四九頁“詔舉賢良方正直言極諫之士”也没有加頓號。

(32)〔誤〕《通鑒·南朝宋明帝泰始元年》：“山陰公主，帝姊也……嘗謂帝曰：‘妾與陛下，男女雖殊，俱托體先帝。陛下六宮萬數，而妾唯駙馬一人，事太不均。’帝乃爲公主置面首，左右三十人……”(第 4077 頁)

〔正〕帝乃爲公主置面首左右三十人。

“面首”的出處就在這裏，可是標點有問題。“左右三十人”是左右各三十人呢，還是左右共三十人？史家不應如此胡塗。原來這個不體面的差使的職稱叫做“面首左右”，三十人是共三十人。“面首左右”省稱“面首”是後來的事情，這裏用的是全稱，把它割裂成兩段，使“左右”屬下，于是人數成了問題。案，以“某某左右”爲侍從的職名，創於江南，延及北朝。

(33)〔誤〕《三國志·蜀志·張翼傳》注引《續漢書》：“少以三公子經明行修舉孝廉，不就司徒辟，以高第爲侍御史。”(中華書局 1963 年標點本，第 1074 頁)

〔正〕少以三公子經明行修舉孝廉，不就；司徒辟，以高第爲侍御史。

考漢制“經明行修”爲孝廉之科。凡出仕，“郡國薦舉”爲一途，“公府徵辟”又爲一途。因而這段話的意思是：張綱年少時，以三公的兒子因“經明行修”被郡守舉爲孝廉，不接受(就)；後來三公之一的司徒又召聘(辟)他，便以優良成績(高第)做了“侍御史”的官。《後漢書·張綱傳》作“舉孝廉，不就；司徒辟，高第爲御史”，可證。把“不就”與“司徒辟”連讀，是對于漢代的舉士制度和任官制度都未曾研究，而且既“不就司徒辟”，又何能“以高第爲侍御史”？在字面上也是説不通的。[①]

(34)〔誤〕袁枚《黄生借書説》：“故有所覽，輒省記通籍。後俸去書來，落落大滿。”（參看1961年1月23日和30日《人民日報》第四版）

〔正〕輒省記；通籍後，俸去書來。

“省記”等于説“記得”，這裏是把它記在腦子裏的意思。“通籍後，俸去書來”，是説通籍後有俸可以買書。過去中了進士的，他的名字就上通到朝廷了，叫做“通籍”。標點者不知道什麽是“通籍”，所以弄錯了。[②]

乙、由於不明地理而誤用標點。

(35)〔誤〕《校正夢溪筆談》：“今成、皋、陝西大澗中，立土動及百尺。”（中華書局1957年版，第239頁）

〔正〕今成皋、陝西大澗中。

“成皋”是一個地名，不是兩個地方；歷史上大大有名，

---

① 錢劍夫：《三國志校點本商榷》，《中國語文》1978年第2期。

② 王力主編《古代漢語》，中華書局1963年版，第1059頁。

劉邦和項羽在這裏打過仗。[1]

(36)〔誤〕《校正夢溪筆談》:“予熙寧中奉使鎮定。”(第245頁)

〔正〕奉使鎮、定。

“鎮”和“定”是兩個地名,不是一個地名。“鎮”指鎮州,亦稱鎮陽;“定”指定州,亦稱中山。

(35)例是一地誤爲兩地,(36)例是兩地誤爲一地。古人對地名也常産生誤解。如《漢書·地理志上》:“濟南郡,縣十四:東平陵、鄒平、台……”這是正確的標點。可是宋本、監本及别本都以“鄒”爲一縣、“平臺”爲一縣。直到清初顧炎武才糾正過去的錯誤。見《日知録》卷三十一“鄒、平臺二縣”條。[2] 曾經有人提到過,已故的學者陳垣先生説過這樣一句笑話:“標點史書,要注意‘香蕉苹果’一類東西。到底是‘香蕉、苹果’還是‘香蕉苹果(苹果之一種)’。”[3]這句話,確是從事古書標點工作的甘苦之談。

三 失檢事理誤用標點例

標點者對文句的意思没有透徹理解,因此誤用標點。

---

① 吕叔湘:《談標點古書》,《語文學習叢刊》1978年第1期。例(36)同。

② 顧炎武:《日知録》,卷十,第71頁。

③ 《談談二十四史的整理》,國家出版局《出版工作》1984年第4期。

(37)〔誤〕《通鑑·梁武帝天監六年》:"悉棄其器甲,争投水死者十餘萬,斬首亦如之。"(第 4572 頁)

〔正〕悉棄其器甲,争投水,死者十餘萬。

應于"投水"後加逗號。投水是爲了逃命,不是爲了尋死,淹死不是出於自願。

(38)〔誤〕《通鑑·秦紀三·二世三年》:"酈生至,入謁。沛公方倨床,使兩女子洗足而見酈生。"(第 288 頁)

〔正〕方倨床使兩女子洗足,而見酈生。

照此點法(指中華 1956 年旧標點本),似乎是爲了見酈生而故意使女子洗足,恐怕没有這個意思,原文的意思大概是正在倨床洗足,不爲見酈生而整飭儀容。要是按這個理解來標點,"床"字後逗號應移至"足"字後。標點本《史記》卷九七《酈生傳》正是如此。

(39)〔誤〕《通鑑·魏明帝太和元年》:"陛下亦宜自謀,以諮諏善道,察納雅言,深追先帝遺詔,臣不勝受恩感激。今當遠離,臨表涕零,不知所言。"(第 2235 頁)

〔正〕深追先帝遺詔。臣不勝受恩感激,今當遠離,臨表涕零,不知所言。

這是諸葛亮《出師表》裏的話。前邊是勸勉後主,後邊説到自己就要出發。"臣不勝受恩感激",跟前邊的話連起來不好講,顯然屬於下句。標點本《三國志》舊版同此誤,新版已改正。

(40)〔誤〕《通鑑·漢高帝元年》:"韓信曰:'善!'從其策,發使使燕。燕從風而靡,遣使報漢,且請以張耳王趙;漢

王許之。”(第 329 頁)

〔正〕發使使燕,燕從風而靡;遣使報漢,且請以張耳王趙,漢王許之。

照原標點,遣使報漢者爲燕,燕國爲什麽要請立張耳爲趙王? 又有什麽資格提出這種請求? 遣使報漢者爲韓信。“使燕”後句號應爲逗號。“而靡”後逗號應爲句號或分號。“王趙”後分號應爲逗號。(漢王,劉邦)

(41)〔誤〕《通鑒·魏正始四年》:“又,蔣琬守漢中,聞司馬懿南向不出兵,乘虚以掎角之,反委漢中,還近成都。”(第 2355 頁)

〔正〕又,蔣琬守漢中,聞司馬懿南向,不出兵乘虚以掎角之,反委漢中,還近成都。

“不出兵”者爲蔣琬,非司馬懿,此三字屬下不屬上。原標點使文義扞格難通。《三國志·吴主傳》不誤。(委,放棄)

(42)〔誤〕《後漢書·孝殤帝紀》注:“謝承書曰:‘唐羌字伯游,辟公府,補臨武長。縣接交州,舊獻龍眼,荔支及生鮮,獻之,驛馬晝夜傳送之,至有遭虎狼毒害,頓仆死亡不絶。’”(中華書局 1982 年標點本,第 194 頁)

〔正〕舊獻龍眼、荔支,及生鮮獻之。

今按,食龍眼、荔枝要趁新鮮乃是常識,“驛馬晝夜傳送之”,也正是爲了趁其新鮮。故標點當作:“舊獻龍眼、荔支,及生鮮獻之。”及者趁也,生鮮乃形容詞。標點者不明乎此,遂誤將“及生鮮”理解爲“和别的鮮貨”了,誤以其屬上讀。下文言:"道經臨武,羌乃上書諫曰:'……伏見交阯七郡獻生龍眼等……此二物升殿,未必延年益壽。'"其言"生龍眼等"可見"生"乃新鮮之義,與上文"生鮮"同義。又明言"二物",則除龍眼、荔枝外,未有别的鮮貨可知矣。①

四　不明語法誤用標點例

因不明語法,特别是不明虚詞的用法,而誤用標點者,其例亦甚多。

(43)〔誤〕元魏・慧覺譯《賢遇經・檀膩輢》:"時檀膩輢,爲諸債主,所見催逼,加復飢渴。便於道次,從估酒家,乞少白酒,上床飲之。"

〔正〕爲諸債主所見催逼。

"爲……所見"式爲漢魏六朝口語中慣用的句法,其語法意義相當於"爲……所"式或"爲……見"式。上引例爲割裂"爲……所見"式,文義難明。②

(44)〔誤〕《通鑒・漢章帝建初二年》:"言之不舍晝夜而親屬犯之不止……"(第1478頁)

〔正〕言之不舍晝夜,而親屬犯之不止。

---

① 金小春:《後漢書標點本失誤數例》,《中國語文》1984年第6期。
② 吴金華:《試論"R爲A所見V"式》,《中國語文》1983年第3期。

"而"字逆轉，其前宜有逗。

(45)〔誤〕《通鑒·晉惠帝元康九年》："雖稽顙執贄而邊城不弛固守，强暴爲寇而兵甲不加遠征……或招誘安撫以爲己用，自是四夷交侵，與中國錯居。"（第2624頁）

〔正〕雖稽顙執贄，而邊城不弛固守，强暴爲寇，而兵甲不加遠征……或招誘安撫，以爲己用，自是四夷交侵，與中國錯居。

這是江統《徙戎論》中文字。"稽顙執贄"與"强暴爲寇"皆指四夷，兩"而"字皆用來表轉折，其前有逗號較好。論文言文節律，則兩"而"、一"以"字皆以其前用逗號略頓爲宜。

(46)〔誤〕《三國志·吴志·程秉傳》："權聞其名儒，以禮徵秉，既到，拜太子太傅。"（中華書局1982年標點本，第1248頁）

〔正〕權聞其名儒，以禮徵；秉既到，拜太子太傅。

既言"聞其"，"秉"字就不當屬上，"以禮徵"後應用分號。[1]

(47)〔誤〕《後漢書·隗囂公孫述列傳》："崔、廣等以爲舉事宜立主以一衆心，咸謂囂素有名，遂共推爲上將軍。囂辭讓不得已，曰：'諸父衆賢不量小子。必能用囂言者，乃敢從命。'"（第513頁）

〔正〕曰："諸父衆賢不量小子，必能用囂言者，乃敢從命。"

---

① 錢劍夫：《三國志校點本商榷》，《中國語文》1978年第2期。

今按:“量”,古有輕視、小看之義。“者”在這兒是個表假設的語助詞。隗囂的意思是:“諸父衆賢假如不小看我,一定能聽從我,那我才敢當上將軍。”故標點應作:“諸父衆賢不量小子,必能用囂言者,乃敢從命。”“不量小子”後當用逗號。校點者在“不量小子”後煞句,把一個假設複句截成兩個獨立單句,則“諸父衆賢不量小子”的假設語氣便不能體現,“者”字的作用也爲之削弱了。[①]

五　不明記言起訖誤用引號例

文章裏有記事之文,有記言之文。記言之文要用引號標出。如果對記事、記言辨別不清,記言部分起訖不明,那就不能正確使用引號。下邊舉一些誤用的例子。

(48)〔誤〕《史記·游俠列傳》:“(郭)解姊子負解之勢,與人飲,使之嚼,非其任,强必灌之。人怒,拔刀刺殺解姊子,亡去。解姊怒曰:‘以翁伯之義,人殺吾子,賊不得!棄其屍於道,弗葬,欲以辱解。’”(陳中凡《漢魏六朝文選》古典文學出版社 1956 年版,第 20 頁)

〔正〕解姊怒曰:“以翁之義,人殺吾子,賊不得!”

按“棄其屍於道,弗葬”爲作者記事之文,叙述郭解姊之行爲,已成事實。故下文云“罪其姊子而收葬之”。

---

① 金小春:《後漢書標點本失誤數例》,《中國語文》1984 年第 6 期。

(49)〔誤〕《漢書·陳湯傳》:“湯前爲騎都尉王莽上書言:‘父早死,獨不封,母明君共養皇太后,尤勞苦,宜封。竟爲新都侯。’”(中華書局1982年標點本,第3025頁)

〔正〕上書言:“父早死……宜封。”竟爲新都侯。

按:湯書言至“宜封”止。“竟爲新都侯”爲陳湯言之效,而非陳湯之言。中華書局版《漢書》將此句置於引號内,遂使王商檢舉之語,變成陳湯之言。①

以上兩例把記言之後的記事之文誤入引號之内。下邊兩例是把記言之前記事之文誤入引號之内。

(50)〔誤〕《通鑒·漢獻帝建安十三年》:“權先作兩函,欲以盛祖及蘇飛首。權爲諸將置酒,甘寧下席叩頭,血涕交流,爲權言:‘飛疇昔舊恩,寧不值飛,固已捐骸於溝壑,不得致命於麾下。今飛罪當夷戮,特從將軍乞其首領。’”(第2078頁)

〔正〕爲權言飛疇昔舊恩:“寧不值飛……特從將軍乞其首領。”

權,孫權。祖,黄祖。“飛疇昔舊恩”自爲一句,無此文理,應連“言”字爲句。引文從“寧不值飛”起。

(51)〔誤〕《通鑒·漢成帝河平二年》:“伊邪莫演罷歸,

---

① 章秋農:《古書記言標點易誤舉例》,《中國語文》1979年第3期。例(48)同。

自言:‘欲降:即不受我,我自殺,終不敢還歸。’”(第 971 頁)

〔正〕自言欲降:“即不受我,我自殺,終不敢還歸。”

伊邪莫演是匈奴單于派來朝貢的。引語從“欲降”起,二字殊突兀。應爲“自言欲降:‘即不受我……’”。先爲間接引語,然後轉入直接引語,史傳多有此例。

也有根本不是記言,而誤爲記言之文而加引號的。如:

(52)〔誤〕《通鑒·獻帝建安十四年》:“孫權圍合肥,久不下。曹操遣將軍張喜將兵解圍,久而未至。楊州别駕楚國蔣濟密白刺史,僞得喜書,云步騎四萬已到雩婁,遣主簿迎喜。三部使賫書語城中守將:‘一部得入城,二部爲權兵所得。’權信之,遽燒圍走。”(第 2097 頁)

〔正〕三部使賫書語城中守將,一部得入城,二部爲權兵所得。權信之,遽燒圍走。

應去引號,“守將”後冒號改爲逗號。這一段的意思是假造張喜的信,説已帶重兵到達某地,要城裏派主簿去接他。城裏派三起密使帶著這封假信從城外往城裏走,故意讓孫權的兵捕獲兩起。孫權見信,信以爲真,撤走了。有了引號,“一部得入城,二部爲權兵所得”,變成信的内容,完全不知所云。標點本《三國志》卷十四《蔣濟傳》不誤。

六 不明引語失用引號例

古人在著作中,常引用成語或前人的名言等。在引語之前,用"某曰"、"諺曰"等字樣,這是明引,讀者容易分辨。如不用"某曰"、"諺曰"等字樣,這是暗引。不論明引、暗引,標點者都應加上引號。但有些標點的古籍,由於標點者不明引語,而失引用號。如:

(53)〔誤〕《韓非子·外儲説左下》:"管仲父出,朱蓋青衣,置鼓而歸,庭有陳鼎,家有三歸。孔子曰:'良大夫也,其侈逼上。'孫叔敖相楚,棧車牝馬,糲餅菜羹,枯魚之膳,冬羔裘,夏葛衣,面有飢色,則良大夫也,其儉逼下。"(陳奇猷《韓非子集釋》)

〔正〕則"良大夫也,其儉逼下。"

按"良大夫也,其儉逼下",兩句也是孔子的話。因承上文,而省"孔子曰"三字。因爲《經》上明明白白寫作"仲尼論管仲與孫叔敖",而《説》中在管仲下"良大夫也,其侈逼上"之上有"孔子曰";那麽,孫叔敖下"良大夫也,其儉逼下"之上,也當有"孔子曰"三字。所以上下兩句都應加引號,標明它是引語。陳奇猷《韓非子集釋》、梁啟雄《韓子淺解》均未加引號。①

(54)〔誤〕《漢書·司馬遷傳》:"僕聞之,修身者,智之

① 徐仁甫:《古書引語例釋》,《中國語文》1979 年第 3 期。例(54)(55)同。

府也;愛施者,仁之端也;取予者,義之符也;恥辱者,勇之决也;立名者,行之極也。士有此五者,然後可以托於世,列于君子之林矣。"(中華 1982 年標點本)

〔正〕僕聞之:"修身者……行之極也。"士有此五者……

按"修身"至"行之極也",見《説苑·談叢》,是古代成語,當用引號。《漢書選》所用引號,包括"君子之林矣"。這就是因爲不知道引語止於哪裏,錯把司馬遷發揮之辭當作引語,使引語增多了。中華書局《漢書》全不用引號,也是不對的。

(55)〔誤〕《史記·貨殖列傳》:"夫用貧求富,農不如工,工不如商。刺繡文,不如倚市門,此言末業貧者之資也。"(中華 1982 年標點本)

〔正〕工不如商。"刺繡文,不如倚市門",此言末業貧者之資也。

按"刺繡文,不如倚市門","門"與"文"韻。這是當時的諺語,太史公引來證明"工不如商"。没有寫明"諺云"二字,因而容易使人誤會諺語起自"用貧求富"。班固《漢書·貨殖傳》增"諺曰"二字在"以貧求富"之上,冒下文五句。説明班固未弄清楚這段諺語起於哪裏。《史記》標點本,也未明確標明引號。

第四章　補　闕

秦漢間的竹簡有斷損，帛書有爛闕，碑刻也有斷泐，後來的敦煌寫卷以及刻本又有蛀爛、闕葉。由于這些原因，産生大量的闕文。設法校補這些闕文，也是校勘工作的一項重要内容。補闕有兩種情況：一種有同書别本可校補的；另一種無同書别本可校補的。對這兩種情況采用的補闕方法也有所不同。現在分述於下。

第一節　用同書别本校補

同一種書而本子不同，甲本有闕文，乙本不闕，就可以用乙本校補甲本的闕文。這種校補是比較容易的。如長沙馬王堆帛書《老子》甲、乙本，互有闕文，就可以用甲、乙兩本互相校補。如果甲、乙本都闕，那可以用今本《老子》校補。如：

(1) 甲本：□□□□，□□□□。□□□□□，□□□德。上德無□□無以爲也，上仁爲之□□以爲也。上義爲之而有以爲也。上禮□□□□□□□，□攘臂而扔之。故失道。失道矣而後德，失德而後仁，失仁而後義，□義而□□。（帛書不分章，此段在今本三十八章。）

乙本：上德不德，是以有德。下德不失德，是以無德。

上德無爲而無以爲也,上仁爲之而無以爲也,上德(義)爲之而有以爲也。上禮爲之而莫之應也,則攘臂而乃(扔)之。故失道而後德,失德而句(後)仁,失仁而句(後)義,失義而句(後)禮。①

這是甲本闕文均可依乙本補。但今本在"上德無爲而無以爲也"下,有"下德爲之而有以爲"一句。帛書甲、乙本均無,從影印帛書看,上下緊接,又不似有闕文。這樣就不宜依今本補,可在校注中説明。説詳本書第五章第五節。

(2) 甲本:天下有道,□走馬以糞;天下無道,戎馬生於郊。罪莫大於可欲,禍莫大於不知足,咎莫憯於欲得,□□□□□,恒足矣。(此段在今本四十六章)

乙本:□□□道,卻走馬□糞;無道,戎馬生於郊。罪莫大於可欲,禍□□□□□□□,□□□□□□□,□□□□□□,□足矣。②

這個例子是乙本前邊有些闕文,據甲本校補。但在"欲得"後五字,甲、乙本均闕,應據今本校補"故知足之足"五字。

唐寫本敦煌變文,有的一文有幾個寫本,有的一文只有一個寫本。如《醜女緣起》有甲、乙、丙、丁、戊五個寫本,但都有不同的殘闕。《敦煌變文集》就以比較完備的乙本作前部底本,甲本

①② 《馬王堆漢墓出土老子釋文》,《文物》1974 年 11 期。

作後部底本,闕文處,用它本補足。玆舉該文後部一段爲例:

(3) 小娘子如今娉了,　　免得父娘煩惱。
推得精怪出門,　　任他到舍相抄(吵)。
王郎咨申大姊,　　萬事今朝總了。
[且須遣妻不出],　　恐怕朋友怪笑。
小娘子莫顛莫强,　　不要出頭出惱(腦)。
總王郎心裏不慊,　　前世業遇須要。
[妻語夫曰:
王郎心裏莫野,　　出去早些歸舍,
莫抛我一去不來,　　交我共誰人語話。
争肯出門出户,　　如今時徒轉差。
門人過往人多,　　恐怕驚他驢□。][1]

據該書《校記》:前第四行[　]中,甲本原缺一句,據丙本補。後[　]中,缺九句,據乙本補。由於用五個本子校補,使佛經中最流行的一篇變文,基本上能恢復爲全璧,可見補闕是校勘中一項非常重要的工作。

安徽阜陽漢墓出土《詩經》竹簡一百七十餘枚。大部是《國風》的殘簡。竹簡已斷損,長短不一,有的一枚僅存一二字,最長的二十四字,是全簡,只有一枚。它的闕文情况比帛書《老子》嚴重得多。今細心檢校,與今本《詩經》對照,則尚能確定此簡屬於

① 王重民:《敦煌變文集》,第794頁。

某首詩,闕字可以依今本補上。如:

(4) 不我□□,毋萈我□。(S034,係竹簡編號)

不我屑以,毋逝我梁。(《邶風·穀風》)

(5) □□以□□,非報也,柄以爲□□。(S077)

報之以瓊玖,匪報也,永以爲好也。(《衛風·木瓜》)

還有字跡不清,只存半個字的,也可以設法補上。如:

(6) 素絲五戓。(S009)

素絲五緎。(《召南·羔羊》)

(7) □送我幾,唯胃□□。(S032)

薄送我畿。誰謂荼苦。(《邶風·穀風》)①

現存的常見書也有闕文或闕葉,一般可以用同書別本校補。其例甚多,兹舉《儀禮》兩則:

(8)《儀禮·士昏禮·記》:"壻授綏。姆辭曰:'未教,不足與爲禮也。'"注:"姆,教人者。"

胡培翬《儀禮正義》卷三:"經文十四字,唐石經、徐本、集釋、通解,皆有。注四字,徐本、集解、楊氏,皆有。今本經注俱脱。"按今本指毛氏汲古閣本。今通行之《十三經注疏》

① 《阜陽漢簡詩經》,《文物》1984年第8期。

已據補。但缺賈公彦疏。①

(9)《儀禮·鄉射禮·記》:"士鹿中,翿旌以獲。"注:"謂小國之州長也。用翿爲旌以獲,無物也。古文無'以獲'。"

阮元《校勘記》云:"記七字,唐石經、徐本、《通典》、通解、楊氏、敖氏俱有,毛本脱。注二十一字,毛本俱脱。徐本、通解俱有。"按今通行本已據補。但無賈公彦疏。②

但也有同書别本都闕,而無法校補的。如張元濟《校史隨筆》提到殿本、明監本、汲古閣本的《南齊書·地理志》均闕四葉,張氏以宋本校之,得補兩葉,但另二葉仍闕。③

也有同書别本不得補,而於類書中引文得補的。張元濟《校史隨筆·南史》"元刊序"條云:"此爲元建康道九路刊本,卷首有刊書序,凡四葉,中闕一葉,各家藏本皆同,以爲無可訪補矣。江安傅沅叔在《永樂大典》中覓得之,録以見示。"④這是靠類書而補闕。

第二節 用本書及相類之書校補

秦漢間的竹簡、帛書,其中大量是古佚書,過去没有這種書,當然没有别本。如長沙馬王堆漢墓出土的帛書《老子》乙本卷前

① 胡培翬:《儀禮正義》,商務印書館1938年版,卷三,第48頁。
② 阮元:《十三經注疏》,第1014頁。
③④ 張元濟:《校史隨筆》,第34頁,第65頁。

四種古佚書,《經法》《十大經》《稱》《道原》;湖北雲夢睡虎地戰國墓出土的竹簡,其中有關秦律的若干種;山東臨沂銀雀山漢墓出土竹簡《孫臏兵法》。這些古佚書,除了有大量通假字、異體字外,還有大量闕文。而這些書都没有同書别本可以校補,主要靠上下文來推求,或是采用相類之書來比勘,儘量設法把闕文補上。這類補闕,目的在於便於閲讀,能使殘闕的資料發揮一定作用,决不能説補上的闕文完全恢復了原書的面貌。下邊從補闕的兩種方法,分别舉例説明。爲了使内容比較集中一些,舉的都是帛書《老子》乙本卷前古佚書四種裏的闕文。這四種從内容説是一貫的,都是講的黄老之學,所以實際上四篇是一本書。唐蘭認爲就是《漢書·藝文志》裏的《黄帝四經》,這可備一説。

一　從本書上下文來推究補闕

(10)《經法·國次》:"陽竊者天奪□□,□□者土地芒,土敝者天加之兵,人執者流之四方。"

按"天奪"後闕四字。(凡帛書闕文字數,可據旁行字數推定。竹簡闕文字數,據中間距離長度推定。)《十大經·觀》:"夫是故使民毋人執,舉事毋陽察,力地毋陰敝。陰敝者土芒(荒),陽察者奪光,人執者摐兵。"又本篇上文説:"毋陽竊,毋陰竊。"則闕文應補作:"陽竊者天奪其光,陰竊者土地芒。"這幾句"光""芒(荒)""方"爲韻。①

① 《馬王堆漢墓帛書:經法》,第9頁。

(11)《經法·四度》:“毋□□□□,毋御死以生,毋爲虛聲,聲溢於實,是胃(謂)滅名。”

按“毋”下缺四字,應補作“毋御生以死”,與下句“毋御死以生”相對。這兩句意思即下文所説的:“極陽以殺,極陰以生,是謂逆陰陽之命。”古以春夏爲陽,主生;秋冬爲陰,主殺。此言應生養之時,毋行殺伐之事;主殺伐之時,毋行生養之事。①

(12)《經法·四度》:“當者有□。”

《經法·亡論》:“有國將亡,當□□昌。”

按兩處闕文可以互補。兩處均爲“當者有昌”。又《經法·論》:“有國將昌,當罪先亡。”與《亡論》意相反,而句式同。

(13)《十大經·兵容》:“當斷不斷,反受其亂。天固有奪有予,有祥□□□,□□弗受,反隨以央(殃)。”

按據“有奪有予”句式,“有祥”下應補“有不祥”三字。又據《國語·越語下》:“天予不取,反爲之災。”則“弗受”上應補“天予”兩字。全文兩句作:“天固有奪有予,有祥有不祥,天予弗受,反隨以殃。”“祥”“殃”爲韻。

(14)《十大經·三禁》:“地之禁,不□高,不曾(增)下。”

按《稱》云:“隋(墮)高、增下,禁也。”則“高”字上應補

① 拙著《帛書〈老子〉乙本卷前古佚書釋文補正》,載《語言研究集刊》第1輯,江蘇教育出版社1986年版。例(11)(12)(13)(14)同。

“隋(墮)”字。

二　用相類之書校補

帛書《老子》乙本卷前古佚書四種，其中有許多語句亦見於現存古籍。據唐蘭《馬王堆出土〈老子〉乙本卷前古佚書的研究》一文的附録《〈老子〉乙本卷前古佚書與其他古籍引文對照表》所載，有《管子》《鶡冠子》《國語・越語》《尉繚子》《慎子》等二十餘種。唐氏還認爲這些書裏的與古佚書四種相同或相類的語句，是抄自古佚書四種的。當然這個誰抄誰的問題還須進一步研究。但不管誰抄誰，既然語句相同或類似，就可以用這些書來校古佚書四種的闕文，這是可以肯定的。下邊選録一些例子。

(15)《經法・論》：“逆順各自命也，則存亡興壞可知□。□□□，□生惠，惠生正，□生静。”

按《商君書・去强》：“强生威，威生惠。”據此則“知”後補“也”。後補“强生威，威”四字。“正”字後，依句式應補“正”字。補後作：“逆順各自命也，則存亡興壞可知也。强生威，威生惠，惠生正，正生静。”①

(16)《經法・論》：“天執一以明三：日信出信入，南北有極□□□□。□□□□死，進退有常，數之稽也。列星有

① 詳《馬王堆漢墓帛書：經法》，又《馬王堆出土〈老子〉乙本卷前古佚書的研究》，載《考古學報》1975年1期。例(16)(17)(18)(19)(20)同。

數，而不失其行，信之稽也。”

按《鶡冠子·泰鴻》：“日信出信入，南北有極，度之稽也；月信死信生，進退有常，數之稽也；列星不亂其行，代而不干，位之稽也。”據此，可補作：“南北有極，度之稽也；月信生信死，進退有常，數之稽也。”

(17)《經法·論約》：“四時時而定，不爽不代(忒)，常有法式，□□□□，一立一廢，一生一殺，四時代正，冬(終)而復始。”

按《春秋繁露·天道無二》：“天無常於物，而一于時，時之所宜而一爲之。故開一塞一，起一廢一，至畢時而止，終有復始爲一。”據此于“常有法式”下，似可補“一開一塞”四字。

(18)《十大經·兵容》：“□□□之，天地刑之，聖人因而成之。”

按《管子·勢篇》：“人先生之，天地刑之，聖人成之。”《國語·越語下》：“人自生之，天地刑之，聖人因而成之。”據此，本篇可補“人自生”三字。

(19)《稱》：“帝者臣，名臣，其實師也。王者臣，名臣，其實友也。朝(霸)者臣，名臣也，其實□□。□□臣，名臣也，其實庸也。亡者臣，名臣也，其實虜也。”

按《説苑·君道》：“郭隗曰：帝者之臣，其名臣也，其實師也。王者之臣，其名臣也，其實友也。霸者之臣也，其名臣也，其實賓也。危國之臣，其名臣也，其實虜也。”又《戰國策·燕策》《鶡冠子·博選》《賈子·官人》《韓詩外傳》大致相同。據此，本篇于“其實”下可補“賓也。危者”四字。

(20)《稱》:"臣有兩位者,其國必危。國若不危,君臾存也。失君必危。失君不危者,臣故䛼(佐)也。子有兩位者,家必亂。家若不亂,親臾存也。□□□危。失親不亂,子故䛼(佐)也。"

按《慎子·德言》:"故臣有兩位者國必亂,臣兩位而國不亂者,君猶在也,恃君而不亂矣。失君必亂。子有兩位者,家必亂。子兩位而家不亂者,親猶在也,恃親而不亂,失親必亂。"據《慎子》,則"危"字前應補"失親必"三字。又帛書之"臾"字,據《慎子》當讀爲"猶"。

也有既不從本文上下文補闕,又不用相類之書校補,而依本書之注而補正文之闕的。張舜徽《廣校讎略》曾提到過。抄録如下:

(21)《校書方法論》:"余舊苦《逸周書》闕文太多,不易誦讀,嘗細心籀繹孔晁注解,反覆温尋,而始有得。《大戒篇》:'無□其信,雖危不動。'注曰:'轉,移也。'正文無'轉'字,而注具之,則闕文必'轉'字也。《程典篇》:'不意多□。'注曰:'多用,謂振施也。'正文有'多'字,而注及'多用',則闕文必'用'字也。如此之流,蓋難悉數,循是求之,十必得其七八。可知孔氏作注時,猶多未闕,闕文之出固甚晚。"①

① 張舜徽:《廣校讎略》,中華書局1963年版,第91頁。

古代碑刻也因爲年代久遠，字有殘闕剥落。其中闕文，前人也常引用有關資料，設法補闕。王念孫《讀書雜志》裏的《漢隸拾遺》就是最好的例子。這裏舉《開母廟石闕銘》裏的一部分爲例。

《開母廟石闕銘》立于東漢延光二年（公元123年），在河南登封。開母，即啟母，啟是禹的兒子。因避漢景帝諱，改稱"開母"。石闕是篆文，闕字甚多。有些字還有殘剩的筆畫。今録銘文的前四行爲例。行十二字，均四字爲句。

原闕字

□□□□，□防百川。柏鮌稱遂，
□□□原。洪泉浩浩，下民震驚。
□□□功，疏河寫玄。九山甄旅，
□□□文。爰納□山，辛癸之間。

補闕後

昔□共工，範防百川。柏鮌稱遂，
□□其原。洪泉浩浩，下民震驚。
禹□□功，疏河寫玄。九山甄旅，
咸秩無文。爰納塗山，辛癸之間。

王念孫《漢隸拾遺·開母廟石闕銘》："銘詞前十二行，皆以四字爲句。第一行'□□□□□防百川'。第一字是'昔'字，下半已泐而上半分明。第三、第四是'共工'二字，'共'字雖模糊而可辨，'工'字分明。'防'字上一字是'範'字，上半竹字模糊，而下半軋字分明。第二行'□□□原'，原上一字是'其'字，雖模糊而可辨。案《周語》曰:‘昔共工虞于湛樂,淫失其身,欲壅防百川,墮高湮庳以害天下。其在有虞,有崇伯鮌,播其淫心,稱遂共工之過。’韋注曰:‘稱,舉也。舉遂共工之過,謂障洪水也。’即此所云‘昔□共工,範防百川。柏鮌稱遂,□□其原’也。第三行‘□□□功’,第一字是‘禹’字,下半模糊,而上半分明,此説禹治水之事,故曰‘禹□□功,疏河寫玄’,水色黑,故曰玄也。第四行‘□□□文’,第一字是‘咸’字,上半戌字分明,唯口字模糊;第三字是無字,篆作𣞤,上半雖模糊,而下半林字可辨,合觀之,乃是‘咸秩無文’四字。第二字雖泐,然在‘咸’與‘無文’之間,其爲‘秩’字無疑。此言洪水既平,而祀典畢舉也。《洛誥》曰:‘咸秩無文’,謂不在禮文者,皆秩次而祀之。‘九山甄旅,咸秩無文’,皆用《尚書》之文,猶言望於山川,遍於群神耳。‘爰納□山,辛癸之間’,‘山’上一字是‘塗’字,雖字首稍泐,而大段分明,即《皋陶謨》所云‘娶于塗山,辛壬癸甲’也。”①

王氏在這四行中,引了《國語・周語下》《書・洛誥》《書・皋陶謨》等,而補出碑文的闕字,基本上做到信而有徵。

① 王念孫:《讀書雜志》,第985頁。

第五章　校勘方法

以上幾章是談校勘的對象，即説明古書中哪些地方須要校勘。這一章談校勘方法。校勘方法是多種多樣的，前人所用的方法不完全相同，對不同的古籍以及不同的錯誤，所用的方法也不盡相同。陳垣在《元典章校補釋例》一書中，將校勘的基本方法概括爲對校、本校、他校、理校四種，極爲周密。在實踐中，這四種方法又經常配合運用，互相補充，所以又有綜合校勘法，共有五種。

第一節　對校法

對校法是用同書别本互校的校勘方法。在《緒言》中提到劉向《别録》所説的："一人持本，一人讀書，若怨家相對，爲讎。"這就是對校法。這是校勘方法中最基本的一種方法。

進行對校法，首先要廣泛搜集同書别本。别本，包括手稿、古鈔本及各種刊本。在這些本子中選擇一本錯誤較少的本子作爲底本，然後用其他本子校勘。這裏舉幾個采用對校法的典型例子。

清代阮元《重刊宋本十三經注疏》四百一十六卷和《十三經校勘記》二百一十七卷，附《釋文校勘記》二十六卷，這是清代校勘史上一部卓越的著作。阮氏采用的基本上是對校法。兹以《毛詩正義》爲例。阮元所搜集《毛詩》各本如下：

經本二：唐石經，南宋石經殘本。

經注本三：孟蜀石經殘本，宋小字本，重刻相臺岳氏本。

注疏本四：十行本，閩本注疏，明監本注疏，汲古閣毛氏注疏。

引用諸家：陸德明《毛詩音義》，山井鼎《考文毛詩》，浦鏜《毛詩注疏正誤》等。[①]

當時需要重刻的是《毛詩正義》，即包括《詩》、毛傳、鄭箋、孔疏四部分。所以必須在注疏本中選擇一本錯誤較少的本子，阮氏即以宋刻十行本爲底本。用其他各本校其異同。阮元刻的《毛詩正義》用十行本，凡是該本與其他各本有異文的，在字旁加▲符號，并一一在《校勘記》中説明。如：

(1)《詩·鄭風·大叔于田》："大▲叔于田，乘乘馬。"毛傳："叔之從公出也。"釋文："叔于田，本或作'大叔于田'者誤。"

《校勘記》："'大叔于田'，唐石經、小字本、相臺本同。案此正義本也。釋文云：'叔于田，本或作大叔于田者誤。'正義標起止云：'大叔至傷女'，下文云：'毛以爲大叔往田獵

① 《毛詩注疏校勘記序》，阮元校刻《十三經注疏》第266頁。

之時,'又上篇正義云:'此言叔于田,下言大叔于田,作者意殊。'是與或作本同。此詩三章共十言'叔',不應一句獨言'大叔'。或名篇自異,詩文則同。如《唐風・杕杜》《有杕之杜》二篇之比。其首句有大字者,援序入經耳。當以釋文本爲長。"阮氏不從唐石經等作"大叔于田",而從陸氏《經典釋文》作"叔于田"。這是正確的。

(2)《詩・魏風・園有桃》:"不我知者,謂我士也驕。"鄭箋:"士,事也,不知我所爲歌謠之意者,反謂我於君事驕逸故。"

《校勘記》:"'不我知者',唐石經、小字本同;相臺本作'不知我者',閩本、明監本、毛本同。按相臺本非也。箋倒經作'不知我者',正義依之耳,不可據以改經。下章同。"①

阮氏從宋十行本、唐石經、小字本等作"不我知者",這是合乎先秦句法的。

清黄丕烈是一位校書專家,他刻的《國語》也是采用對校法。他以宋明道二年本爲底本,他刻的也全照明道本。用當時盛行的宋公序《補音》本及其他各本對校。寫《校刊明道本國語札記》,把各本異同載於《札記》,并加上按語,斷定是非。如:

(3)《國語・周語三》:"高位寔疾顛,厚味寔臘毒。"

《札記》三:"惠棟云:'《漢書》同。《補音》(顛)作債。'丕

① 阮元:《十三經注疏》,例(1)第339頁,例(2)第360頁。

烈按：高誘注《吕覽》、李善注《文選》皆引作顛。公序定爲僨，音方問反，非也。錢（大昕）先生曰：'僨，蓋慎之訛，顛、慎古通用字。'"黄丕烈認爲應作顛，《補音》作僨，是訛字。

（4）《國語・晉語三》："威兮懷兮，各聚爾有以待所歸兮，猗兮違兮，心之哀兮，歲之二七，其靡有徵兮，若狄公子，吾是之依兮，鎮撫國家，爲王妃兮。"

《札記》九："（徵）當依别本作微。丕烈按：此以威、懷、歸、猗、違、哀、微、依、妃爲韻。韋解'無有微者亦亡，謂子圉也'，是讀微爲尾而解之也。微、尾古同字，孳尾爲字微，微生爲尾生，皆其證也。劉向《列女辨通傳》云：'有龍無尾者，無太子也。'亦以尾爲子，義與此同矣。"[1]

按例（3）黄氏用宋明道本；例（4）用公序本及其他各本。

魯迅先生曾經校勘《嵇康集》，也用對校法。他以明吴寬叢書堂鈔本爲底本，用明嘉靖黄省曾本、汪士賢《二十一名家集》本、張溥《漢魏六朝百三名家集》本、張燮本、程榮本及各家注本、類書等比勘。各本異同悉詳注于正文之下。如：

（5）《秀才答四首》（録第二首爲例）："君子體通變，否泰非常理。當流則蟻〔黄程二張本作"義"，《詩紀》同，惟汪本與此合〕行，時逝〔各本作"游"，《詩紀》同〕則鵲起。達者

① 《校刊明道本韋氏解國語札記》，載《國語》第五册《札記》，例（3）第5頁，例（4）第12頁。

鑒通機〔各本作"塞",《詩紀》同〕,盛衰爲表裏。列仙殉生命,松喬安足齒? 縱驅任世度,至人不私己。"[1](原書直行,注雙行。今注改用〔 〕表示。)

上邊提到的采用對校法的三個校刊本,都是最精的校本。

對校法有兩個主要的作用:

一、從對校中可以發現古書中的錯誤。校勘工作的首要條件是發現錯誤。知道書中有錯誤,才能去校正錯誤。怎樣才能發現錯誤呢? 有兩種情況:一種是錯誤非常明顯,憑主觀就能看出來的。如:

(6)《王梵志詩校輯》:《大有愚癡君》詩:"錢財奴婢用,任將别經紀。"《校記》:"經原作経,據文義改。"

(7) 同上《獨自心中驟》詩:"獨自心中驟,四面被兵圍。向前十道税,背後鐵鎚鎚。"《校記》:"税原作作棿,據文義改。"[2]

凡文句通俗淺顯,其中如有錯誤,校者雖無别本對校,亦可依上下文義校改。

另一種錯誤,不明顯,須用另一個本子對校才能發現,特别

① 《魯迅全集》第 9 册,人民文學出版社 1973 年版,第 23 頁。

② 張錫厚:《王梵志詩校輯》,中華書局 1983 年版,例(6)第 6 頁,例(7)第 13 頁。

是一些脱文。如：

(8)《孫子兵法·計》："地者，遠近、險易、廣狹、死生也。"

按銀雀山竹簡本在"遠近"前有"高下"二字。各本均無。《孫子》對地形高下特别重視，當依簡本補。[①]

(9)《抱朴子内篇·道意》："唯宜王者更峻其法制，犯無輕重，致之大辟。購募巫祝不肯止者，刑之無赦，肆之市路，不過少時，必當絶息，所以令百姓杜凍饑之源，塞盗賊之萌，非小惠也。"

王明《抱朴子内篇校釋》："宋浙本'息'下有'卒如頗嚴，而實善政'。'姓'下有'病必親醫藥，勉(免)强死之禍，省其大費，救其困乏'四句。當據補。"[②]

以上二例，原來文通字順，看不出錯誤，只有通過對校，才能發現有脱誤，然後依善本補正。

二、對校的另一個重要作用，是作爲改正錯誤的有力證據。根據各種充足的理由，校正了古書中的錯誤，如果再通過對校，用同書别本作證，那才有了書本可靠證據。如：

(10)《爾雅·釋詁下》："棲遲憩休苦㰜齂呬，息也。"郭

① 銀雀山漢墓竹簡《孫子兵法》，第29頁。
② 王明：《抱朴子内篇校釋》(增訂本)，中華書局1985年，第180頁。

璞注:“棲遲,游息也。苦勞者,宜止息。”

按郭注爲“苦勞”作注,則似《爾雅》文本有“勞”字,但如果没有别本作證,也只能存疑而已。今見敦煌《爾雅》殘卷(伯 3719)正作:“棲遲憩休勞苦𠭊𩐳呬,息也。”可證《爾雅》有“勞”字,郭氏所見的本子,尚未脱“勞”字。這裏敦煌本是一個有力的證據。①

(11)《爾雅·釋地》:“可食者曰原,陂者曰阪,下者曰溼。”郭璞注:“《公羊傳》曰:‘下平曰隰。’”

郝懿行《爾雅義疏》云:“溼者,當作隰,字之誤也。”但當時没有書證。今敦煌《爾雅郭璞注》殘卷(伯 2661)作“下者曰隰”,這可以助證郝氏之説。

《儀禮》傳本多訛字,歷代學者每據全經禮例,頗有改正,但也有人以爲無書本根據,以改經爲病。1959 年,甘肅武威漢墓出土《儀禮》竹木簡四百餘枚。這是今日能看到的最早的寫本,簡本字句與今本有不同,有的即可依此判斷前人校勘之是非。近人沈文倬《簡本證禮家校勘精義述評》一文,專論此事。兹録其一則爲例,説明用善本對校之作用。

(12)《喪服傳》:“既練,舍外寢,始食菜果,飯素食,哭無時。”鄭注:“素猶故也。謂復平生時食也。”據注則“素食”

① 王重民:《敦煌古籍叙録》,中華書局 1979 年版,第 74 頁,例(11)同。

上疑非“飯”字。敖繼公據之謂“《傳》之飯似當作反”。至盧文弨撰《儀禮注疏詳校》,復證之云:“《白虎通》正作反,俗本訛作及。”“飯”之作“反”可論定矣,而諸家猶有未信者。胡培翬《正義》云:“鄭注或本《白虎通》之義,但此《傳》自作飯,與《論語》‘飯疏食’文法一例。”今得漢簡《喪服傳》乙本“飯”正作“反”,則今本作“飯”爲後人臆改,夫復何疑![1]

對校法具有以上兩個作用,所以我們説,對校法是校勘方法中最基本的一種方法。

在運用對校法時要注意一個問題,即不能盲目信古。一般説古本要比後來的本子錯誤少一些,因爲傳鈔翻刻愈多,那么錯誤也愈多。但不能以爲古本一定是正確的。有人迷信宋刻本,其實宋代人就不信當時的刻本。陸游《跋歷代陵名》説:“近世士大夫所至喜刻書板,而略不校讎,錯本書散滿天下,更誤學者,不如不刻之爲愈也。”[2]

宋刻本有錯誤,如阮元刻《十三經注疏》均以宋本爲底本,但在《校勘記》中校正了宋本無數的錯誤。這是明顯的事實。唐石經、唐寫卷子等,當然比宋刻更珍貴,但同樣有錯誤。阮元在《十三經注疏校勘記》中,有時認爲石經無據,而仍從宋刻本。如:

(13)《詩·小雅·何人斯》:“壹者之來,云何其盱。”

---

① 沈文倬:《菿闇述禮》,《中華文史論叢》1985年第1輯,第47頁。
② 錢大昕:《十駕齋養新録》,第439頁。

《校勘記》:"小字本、相臺本同;唐石經無'其'字,旁添之。按正義標起止,云'至其盱',又云'毛以此云何其盱'。釋文以'其盱'作音,正義本、釋文本皆有'其'字。唐石經未知出何本也。"①

阮元因爲找不到充足的理由來證明唐石經無"其"字是正確的,所以主張保留不改,仍用原來各本。這樣處理是正確的。錢大昕在《十駕齋養新録》裏也談到這一條,他認爲當從石經無"其"字。提出兩個理由:一、《卷耳》和《都人士》"云何盱矣"文法與"云何盱"同,即三字爲句,未始不可。二、鄭箋云"于女亦何病乎",既"何病"連文,知中無"其"字。② 其實這兩點理由是不充足的。一、從文法句式講,"云何其盱"與《唐風·揚之水》"云何其憂"完全相同,都是四字句。二、鄭箋未及"其"字,"其"在這裏本是助詞,不爲義,所以箋未及。如鄭箋在《揚之水》"云何其憂"下,也只説"言無憂也",亦未及"其"字。錢氏這兩點説服力不强,所以阮氏不用石經,仍用宋本有"其"字。這類例子在阮氏《校勘記》中很多。

唐寫卷子有錯誤,這也是事實。如張舜徽《廣校讎略》:"嘗取二徐所校《説文解字》以與唐寫本木部殘卷對勘,則唐寫本有衍字,有脱句,有訛體,有倒文,凡此悉必據二徐本訂正之,文誼

① 阮元:《十三經注疏》,第 457 頁。
② 錢大昕:《十駕齋養新録》,第 18 頁。

始全。”[①]

周祖謨《爾雅校箋》用敦煌唐寫本《爾雅》兩種殘卷校宋監本，有的可用唐寫本校正後來的本子的訛誤，但也有不少地方，後來的本子不誤，而唐寫本是錯誤的，[②]這裏不再一一舉例。

安徽阜陽漢簡《詩經》（簡稱《阜詩》），這是目前最古的《詩經》寫本，在校勘上當然有很高的價值，但是《阜詩》同樣也有誤字、衍文。如《詩・邶風・簡兮》“山有榛”，《阜詩》（S040）作“山有業”，這“業”字顯然是“亲”字之誤。《説文・木部》：“亲，果實如小栗。從木，辛聲。《春秋傳》曰：女摯不過亲栗。”（側詵切）又，“榛，木也。一曰菆也。”（側詵切）是“亲”爲榛栗之本字，今常用“榛”字。《阜詩》作“業”，因與“亲”形近而誤。又《詩・衛風・木瓜》三章均有“非報也”一句。《阜詩》有兩章作“匪報也”，與今本同，而有一章作“匪報之也”（S076），此“之”字應是衍文。[③]

著者自己的手稿本應該説是最可信的，但也會有脱誤。如《聊齋志異》在解放後發現了蒲氏的手稿本，這當然非常珍貴，可以根據手稿校正今本許多錯誤。但手稿也有明顯的誤脱，要用後來的抄本、刻本校正。例詳《聊齋志異》會校會注會評本《後記》。[④]

以上引了這些例子，不是説古本不珍貴，而是説明在校勘

① 張舜徽：《廣校讎略》，第 94 頁。
② 周祖謨：《爾雅校箋》。
③ 胡平生、韓自强：《阜陽漢簡詩經簡論》，《文物》1984 年 8 期。
④ 張友鶴：《聊齋志異》會校會注會評，中華書局 1962 年版，第 1721 頁。

時，要正確對待古本，不能絶對信任，要實事求是。

第二節　本校法

本校法是以本書校本書的校勘方法。上邊“緒言”中提到的劉向《別録》所説的：“一人讀書，校其上下，得謬誤，爲校。”這可能是指本校法。在没有同書别本可以對校的情况下，采用本校法是一種好方法。根據本書的上下文義，相同相近的句式，相同的詞語等，校勘本書的錯誤。例如：

(14)《墨子·法儀》：“賊其人多，故天禍之，使遂失其國家。”

俞樾《諸子平議》卷九：“按當作‘其賊人多’，與上文‘其利人多，故天福之’相對。”

(15)《莊子·刻意》：“故曰聖人休休焉，則平易矣。”

俞樾《諸子平議》卷十八：“按‘休焉’二字傳寫誤倒。此本作‘故曰聖人休焉，休則平易矣’。《天道篇》：‘故帝王聖人休焉，休則虚。’與此文法相似，可據訂正。”①

上邊這兩個例子是根據本書它篇或本篇的相類句式，校正句式之誤。

① 俞樾：《諸子平議》，例(14)第166頁，例(15)第357頁。

(16)《管子·八觀》:"天下之所生,生於用力;用力之所生,生於勞身。是故主上用財毋已,是民用力毋休也。"

《管子集校》:"劉績云:'天下當作天財,乃字之誤也。'維遹按:'劉説是也。《立政篇》'天財之所出',《國蓄篇》'天財之所殖',《地數篇》'請問天財所出',文義并同,是其證。''"①

(17)《楚辭·離騷》:"乃年歲之未晏兮,時亦猶其未央。"

聞一多《楚辭校補》:"案'猶其'二字當互乙。上文'雖九死其猶未悔','唯昭質其猶未虧','覽余初其猶未悔','覽察草木其猶未得兮',并作'其猶未'可證。王注曰'然年時亦尚未盡',正以'尚未'釋'猶未',是王本未倒。"②

(18)《賈誼新書·審微篇》:"夫事有逐奸,勢有召禍。"

陶鴻慶《讀諸子札記》十:"逐奸二字,義不可通。'逐'蓋'起'字之誤。《鑄錢篇》云:'夫事有召禍,而法有起奸。'是其證。"③

以上這幾個例子是根據本書的他篇或本篇的用詞之例,校正誤字或倒置的。

---

① 郭沫若:《管子集校》,第207頁。
② 《聞一多全集》,第二册第371頁。
③ 陶鴻慶:《讀諸子札記》,第301頁。

(19)《逸周書·柔武》:"靡適無□,勝國若化,不動金鼓。"

王念孫《讀書雜志·逸周書第一》:"'靡適(原注:與敵同。)無□。'念孫按:闕文當是'下'字。靡適無下者,無,猶不也。此承上'以德爲本'云云而言。言如此則靡適不下也。'下'與'序'、'苦'、'鼓'、'武'、'下'爲韻。《允文篇》'靡適不下',亦與'語'、'武'、'所'、'户'、'宇'、'輔'、'土'爲韻。以是明之。"①

(20)《逸周書·武穆》:"等之以□禁,成之以□和。"

朱右曾《逸周書集訓校釋》卷四:"闕處疑是'九禁'與'五和'。'九禁'見《大開篇》,'五和'見《大開武篇》。"②

以上這兩個例子,是根據本書中他篇的用詞來填補闕文。

(21)《漢書·高帝紀上》:"祀蚩尤於沛廷,而釁鼓,旗幟皆赤。"

顔師古注以"釁鼓"絶句,也有人認爲應於"釁鼓旗"絶句。這兩説似乎都通。但據《漢書·郊祀志》云:"徇沛,爲沛公,則祀蚩尤,釁鼓旗。遂以十月至霸上,立爲漢王。因以十月爲年首,

① 王念孫:《讀書雜志》,第8頁。
② 王先謙:《皇清經解續編》,石印本,卷五十一,第4頁。

色上赤。"[1]則顔氏句讀誤,應於"鼓旗"絶句。這就是依賴本校法,解决了句讀問題。

本校法也比較可靠。因爲一本書有一本書的體例,一個作者的用詞造句也有一定的時代性。雖不是直接的原文對校,可是用本書校本書,也是比較接近於直接的。要采用本校法,必須對本書前後融會貫通,才能達到左右逢源。

第三節　他校法

他校法是用他書校本書的校勘方法。所謂他書,範圍是很廣的,如内容相近的同類的書,本書有引用他書的,或他書有引用本書的,或同記一事的。這些都可以用來作他校的資料。上文"補闕"一章裏談到帛書《老子》乙本卷前古佚書四種,它的語句與現存的古籍如《管子》《鶡冠子》《國語・越語》等二十餘種有相類似之處。用這些書來補闕,這就是他校法。張舜徽《廣校讎略》有一節論"取相類之書對校",就是指他校法。摘録於下:

(22) 校書首貴廣羅異本,其次莫若采相類之書以比勘其異同。如讀《逸周書・時訓篇》,則凡《吕氏春秋》十二月紀《禮記・月令》《淮南子・時則篇》,皆可供吾校勘之資。讀《墨子・所染篇》,亦可取《吕覽・當染篇》校勘。此皆篇題相似,而所載大同者也。他若《逸周書》有《官人篇》,《大

① 王先謙:《漢書補注》,第 31、538 頁。

戴禮記》亦有《官人篇》,《荀子》有《勸學篇》,《大戴禮記》亦有《勸學篇》,題既無殊,文亦少别,足供取證,爲用更多。若夫文辭全同,篇題有别,分之則各載本書,合之則固爲一物,左右采獲,彼此對讎,斯又校勘家之依據也。荀卿之書,與兩戴《禮記》相表裏,自《勸學篇》與《大戴記》全同外,如小戴所傳《三年問》,全出《禮論篇》;《樂記》《鄉飲酒義》所引,俱出《樂論篇》;《聘義》"子貢問貴玉賤瑉",亦與《德行篇》大同;《大戴記·禮三本篇》亦出《禮論篇》;《哀公問五義篇》出於《哀公篇》。兩兩相校,則文字章句間固有合有不合,學者宜擇善而從,又未可囿於經子畛域,而妄分軒輊矣。非特諸子之書可用以校經也,史官所載,亦有同於傳記者,取彼證此,爲益無方。《大戴禮記·禮察》《保傅》兩篇,《漢書·賈誼傳》悉有之,蓋原爲賈生《陳政事疏》之文,而見録於禮家者也。《禮察篇》:"先王執此之正,堅如金石;行此之信,順如四時;處此之功,無私如天地。"《漢書》"功"作"公",以文義繩之,則《漢書》是而《戴記》非也。下文又云:"安者非一日而安也,危者非一日而危也,皆以積然,不可不察也。"《漢書》"積"下有"漸"字,以文義繩之,則《戴記》顯有脱字也。《漢書》"所以長恩且明有仁也"句下,直總結之曰:"殷周之所以長久者,以其輔翼太子有此具也。"文從字順,辭氣安雅。而《保傅篇》於其間多出"食以禮,徹以樂"以下一百九十五字,反致上下文意滯塞難通。其中大段文字,既稱引明堂之位,蓋即《漢志》所録《明堂陰陽》三十三篇中之文,初爲旁注,後乃竄入正文者。使非《漢書》具存,將何以訂《大戴禮記》之失？舉一反三，無煩悉數。可知相類之書，有明見於篇題者，有不見於篇題者，要非博稽廣攬，融會錯綜以推尋之，固不足以校其同異，定其是非也。①

下邊是據《大戴禮記・勸學》校正《荀子・勸學》的例子：

(23)《荀子・勸學》："昔者瓠巴鼓瑟，而流魚出聽。"

王先謙《荀子集解》："流魚，《大戴禮》作'沈魚'是也。魚沈伏，因鼓瑟而出，故云'沈魚出聽'。《韓詩外傳》作'潛魚'，潛，亦沈也。"②

《史記》與《漢書》有同記一人、同載一事者，而且《漢書》每多采自《史記》，所以《史記》是校《漢書》的重要資料。王念孫《讀書雜志・漢書》中用《史記》校正《漢書》者很多。今舉《漢書・李廣利傳》一例。張元濟《校史隨筆》亦轉引王氏此例，并排列兩書異同，較爲明顯。兹録張氏文如下：

(24)《校史隨筆・漢書》：《李廣利傳》有錯簡正文六十九字，注文二十八字。景祐本與監本、汲古閣本、殿本均同。蓋沿誤久矣。王念孫《讀書雜志》依《史記・大宛傳》改正如下：

① 張舜徽：《廣校讎略》，第 88 頁。
② 王先謙：《荀子集解》，商務印書館影印本，卷一，第 7 頁。

景祐本

圍其城，攻之四十餘日，宛貴人謀曰：王毋寡匿善馬，殺漢使。（師古曰：毋寡，宛王名。）今殺王而出善馬，漢兵宜解。即不，乃力戰而死，未晚也。宛貴人皆以爲然，共殺王，其外城壞，虜宛貴人勇將煎靡也。（師古曰：宛之貴人爲將而勇者，名煎靡也。煎音子延反。）宛大恐，走入城中，相與謀曰：漢所爲攻宛，以王毋寡。持其頭，遣人使貳師。

王氏改正

圍其城，攻之四十餘日，其外城壞，虜宛貴人勇將煎靡。（師古曰，宛之貴人爲將而勇者，名煎靡也。煎音子延反。）宛大恐，走入城中，相與爲謀曰：漢所爲攻宛，以王毋寡匿善馬，殺漢使。（師古曰：毋寡，宛王名。）今殺王而出善馬，漢兵宜解。即不，乃力戰而死，未晚也。宛貴人皆以爲然。共殺王，持其頭，遣人使貳師。

原文文義不順，察其字體，并無顧千里所謂補版及剜損之跡，蓋原本如此，豈余靖等未曾刊正邪！[①]（按余靖是宋景祐本之校刊者。）

前人常用本書之古注校本書，這是他校法中最好的依據。因爲古注所據的本子較早。有的正文已誤，而古注未誤，即可據古注訂正正文。如高誘注《淮南子》，則所據之本最遲不會晚于

① 張元濟：《校史隨筆》，第10頁。

東漢末。這裏舉王念孫據高誘注校《淮南子》一例：

(25)《淮南子·原道》:“此俗世庸民之所公見也，而賢知者弗能避也。”

王念孫《讀書雜志·淮南內篇第一》:“高誘注曰:‘以諭利欲。故曰有所屏蔽也。’念孫按:如高注，則正文避字下，當有‘有所屏蔽’四字，而今本脱之也。此承上文而言，言先者有難，而後者無患，此庸人之所共見也;而賢知者猶不能避，則爲争先之見所屏蔽故也。故注云‘故曰有所屏蔽也’。凡注內‘故曰’云云，皆指正文而言，以是明之。”①

這種訂正都是十分精確可靠的。

凡是古類書及文集古注，有引用本書的語句的，這也是他校法的重要依據。如聞一多《楚辭校補》據他的《校引書目板本表》所載，他引用類書及文集注作爲校勘資料者，有五十七種。校勘資料愈多，就愈容易發現問題。這裏選用《楚辭校補》兩個例子。

(26)《楚辭·九辯》:“惆悵兮而私自憐。”

《楚辭校補》:“按，‘而’字疑衍。句中‘兮’字本兼具虛字作用。‘惆悵兮私自憐’，猶‘惆悵而私自憐’也。《文選》孫子荊《征西官屬送于陟陽侯作詩》注、陸士衡《挽歌》注、張

① 王念孫:《讀書雜志》，第769頁。

平子《四愁詩》注引并無'而'字。(原注:《西征賦》注引又有'而'字,無'兮'字,正以此'兮'字本具'而'之作用,故誤之。)"

(27)《楚辭·招魂》:"十日代出,流金鑠石些。"

《楚辭校補》:"按,古言'天有十日',更番運照。則一時仍只一日,此猶常態也。又言'十日并出'(《莊子·齊物論篇》《淮南子·本經篇》《御覽三》引《逸周書》),則十日同時俱出,故其爲熱酷烈,異于常時。此曰'流金鑠石',似'代'當爲'并'之訛。'十日并出,流金鑠石',猶《淮南子·本經篇》言'十日并出,焦禾稼,殺草木'也。今本作'代',或後人習聞代出之説而妄改。《類聚》一、《白帖》一、《御覽》四、《合璧事類前集》一一、《文選》劉孝標《辨命論》注、《草堂詩箋》二八雷箋、《五百家注韓集》五、盧仝《月蝕詩》孫注引俱作'并',可據以正今本之誤。"①這裏聞氏引用了七處類書或古注,證'十日代出'爲'十日并出'之誤。

下邊這個例子也是用他校法,用了兩個例證,一個是後人的引文,另一個是類書。

(28)南朝齊孔稚珪《北山移文》:"鍾山之英,草堂之靈,馳煙驛路,勒移山庭。"

徐復《讀〈文選〉札記》:"往年黃季剛先生講授《文選》,

---

① 《聞一多全集》,第二册,例(26)第445頁,例(27)第453頁。

疑'驛路'蓋本作'驛霧',馳、驛詞性相同,驛亦馳也。謂王勃《乾元殿賦》:'尋出縋嶺,驛霧馳煙',即本於此。其說爲前人所未發,亟録之以俟更證。嗣在重慶時閱影宋本《太平御覽》卷四十一引《金陵地記》,所舉孔文首四句,正作'馳煙驛霧',知宋人所見本,尚有不誤者,可用以證成師説,洵屬快事。"①

在用他校法時,應正確對待古類書及文集古注。這種書是他校時的參考資料,但決不能盡信。因爲古人所編類書,所注文集,在引書時往往很隨便,有的約取其辭,有的節用書意,不盡如原文。所以在運用這些資料時,要十分慎重,特别只有一個例證時,更不能盡據以改正原文。像以上這些例子,都是在一條裏舉了幾個例證,那可靠性就强了。

凡是在没有條件用對校法、本校法的情況下,他校法是十分需要的。陳垣在《元典章校補釋例》中舉了一個典型的例子:

(29)《元典章校補釋例》卷六:《元典章》有一處云"蕁麻林納尖尖",元刻本、沈刻本同。另一處作"納失失",元刻本、沈刻本同。其中必然一是一非。陳氏云:"欲證明此'納尖尖'、'納失失'之是非,用對校法不能,因沈刻與元刻無異也。用本校法亦不能,因全部《元典章》關於'納尖尖'、'納失失'止此二條也。則不得不求諸《元典章》以外之書。《元

① 徐復:《讀〈文選〉札記》,《南京師院學報》1979年1期。

史》卷七七《祭祀志》國俗舊禮條:'輿車用白氈青緣,納失失爲簾,覆棺亦以納失失爲之。'卷七八《輿服志》冕服條:'玉環綬,制以納石失。'注:'金錦也。'又'履,制以納石失。'《輿服志》中'納石失'之名凡數見,則《元典章》'納失失'之名不誤,而'納尖尖'之名爲元刻與沈刻所同誤也。"①

第四節 理校法

理校法是以充足理由爲依據的校勘法,也稱爲推理校勘法。推理即指演繹、歸納、類比等推理。運用這些推理,除了它各有一定的形式規律外,更重要的是必須具有充足的理由。這裏所説充足理由是多方面的,如文例、文字、音韻、訓詁、語法、歷史、制度等,都可以用來作爲充足理由,訂正書中的錯誤。所舉的理由愈充足,勘正的可靠性愈强。舉幾個例子:

(30)《詩·周南·漢廣》:"南有喬木,不可休息。漢有游女,不可求思。"

孔穎達《毛詩正義》:"以'泳思'、'方思'之等,皆不取'思'爲義,故爲辭也。經'求思'之文在'游女'之下,傳解喬木之下,先言'思,辭',然後始言漢上。疑經'休息'之字作'休思'也。何則,《詩》之大體,韻在辭上,疑'休'、'求'字爲

① 陳垣:《校勘學釋例》,第147頁。

韻，二字俱作'思'。但未見如此之本，不敢輒改耳。"阮元《校勘記》云："正義之説是也，此爲字之誤。"①

這裏孔氏舉了兩個理由來證明"息"爲"思"字之誤。一、毛傳先訓"思"，後訓"漢上"；二、詩的用韻體例。

(31)《三國志・吴志・吕蒙傳》："此子敬内不能辦，外爲大言耳。孤亦恕之，不茍責也。"(第1281頁)

吴金華《〈三國志〉考釋》："朱起鳳《辭通》：'茍爲苛字之訛，形相涉也。'謹按：'茍責'似爲不辭。朱氏以形誤説之，是矣。漢隸'苛'作'峇'，訛而爲'茍'。《莊子・天下篇》：'君子不爲苛察。'《經典釋文》：'苛，本作茍。'今知'苛責'亦魏晉俗語。《方言》卷二：'小怒曰齗，陳謂之苛。'郭璞注：'相苛責也。'字多從口作'呵'，《魏書・三少帝紀・高貴鄉公髦》：'吾數呵責，遂更忿恚。'(第143頁)又《賈逵傳》注引《魏略》：'休怨逵進遲，乃呵責逵。'(第483頁)又注引《魏略列傳》：'步步呵責守圍將士，隨輕重行其罰。'(第485頁)又《趙儼傳》：'晃所督不足解圍，而諸將呵責促救。'(第670頁)字或從言作'訶'，本書《顧雍傳》注引《江表傳》：'雍内怒之，明日，召譚，訶責之。'(第1127頁)均其例。"②

① 阮元：《十三經注疏》，第282頁，第285頁。
② 吴金華：《〈三國志〉考釋》，《南京師院學報》1983年1期。

這是先從字形證苟爲苛之誤，再從訓詁説明“苛責”即“呵責”。是魏晉習用之語。作“苟責”是誤字。

(32)《漢書·高帝紀》:“由所殺蛇白帝子，所殺者赤帝子故也。”

王念孫《讀書雜志·漢書一》:“下‘所’字，涉上‘所’字而衍。‘殺者’謂殺蛇者也。則‘殺者’上不當有‘所’字。《文選·王命論》注，引此無‘所’字，《史記》同。《郊祀志》曰‘蛇白帝子，而殺者赤帝子也。’‘殺者’上亦無‘所’字(原注：《史記·封禪書》同)。”[①]

這是從語法説明“所殺者”的“所”是衍文。

(33)陳垣《史諱舉例》卷四，因避諱改而致誤例：“《南史·隱逸傳》:‘陶潛字淵明，或云深明，名元亮。’上‘淵’字亦當爲‘深’，後人回改。《宋書》云：‘陶潛字淵明，或云淵明字元亮。’甚顯白。《南史》原文必與《宋書》同，但避諱改‘淵’爲‘深’耳。後人校《南史》者不察，遂傳寫顛倒如此。”

又因避諱一書誤爲二書例：“《宋史·藝文志》經解類有顔師古《刊謬正俗》八卷，儒家類又有顔師古《糾謬正俗》八卷。此書本名《匡謬正俗》，宋人避諱，或改爲‘刊’，或改爲

① 王念孫:《讀書雜志》，第174頁。

‘糾’，其實一書也。”[①]

這兩個例子是從古人避諱的事實，而勘正書中錯誤。

陳垣在《元典章校補釋例》中論“理校法”，極爲精闢。他說：“段玉裁曰：‘校書之難，非照本改字不譌不漏之難，定其是非之難。’所謂理校法也，遇無古本可據，或數本互異，而無所適從之時，則須用此法。此法須通識爲之，否則鹵莽滅裂，以不誤爲誤，而糾紛愈甚矣。故最高妙者此法，最危險者亦此法。昔錢竹汀先生讀《後漢書・郭太傳》‘太至南州過袁奉高’一段，疑其詞句不倫，舉出四證。後得閩嘉靖本，乃知此七十四字爲章懷注引謝承書之文，諸本皆攙入正文，惟閩本獨不失其舊。今《廿二史考異》中所謂‘某當作某’者，復得古本證之，往往良是，始服先生之精思爲不可及。經學中之王、段，亦庶幾焉。”[②]這是陳氏極爲寶貴的經驗之談。

薛正興在《談王念孫的推理校勘》一文中說：“王氏的高明處，不在於‘照本改字不譌不漏’，正是在缺乏對證的情况下，使用理校法，去發現并校正書中的錯誤。儘管當時限於條件，缺乏資料來直接證成王氏之説，但是，由於他推理時邏輯的嚴密，論證中類例的可靠，王氏的校正充滿真知灼見，令人十分信服。隨着時間的推移，新的資料（或實物）陸續有所發現，用來與王氏校勘相對照，竟然若合符節！對此，我們不能不驚歎王氏理校之精

① 陳垣：《史諱舉例》，第 50 頁，第 67 頁。
② 陳垣：《校勘學釋例》，第 148 頁。

審。"薛文并舉了八個例子。下面選録兩個例子和他的按語：

(34)《管子·白心篇》："滿盛之國，不可以仕任；滿盛之家，不可以嫁子；驕倨傲暴之人，不可與交。"

《讀書雜志·管子七》："念孫案：'任'即'仕'字之誤。今作'仕任'者，一本作'仕'，一本作'任'，而後人誤合之也。尹(尹知章)注云：'不可任其仕。'則所見本已衍'任'字矣。'交'當爲'友'，亦字之誤也。仕、子、友爲韻。"

"這一條既有衍文，又有誤字，王念孫從文字形體、用韻通例兩方面作比較，勘正了文字。當時無任何資料可供對勘，只能以理校之。從韻例來看，仕、子、友同屬古韻之部爲韻，'任'屬古韻侵部，作'仕任'則失韻矣；'任'與'仕'形體相似，'任'當爲'仕'之誤字而衍。'交'屬古韻宵部，作'交'則失韻矣；'交'當爲'友'字形似而訛。王説是可信的。近年出土的長沙馬王堆漢墓帛書《老子》乙本卷前第三種古佚書《稱》中作：'不士(仕)于盛盈之國，不嫁子于盛盈之家，不友□□□易之〔人〕。'作'士(仕)'而不作'仕任'，作'友'而不作'交'，正可以作爲王説的有力佐證。"

(35)《晏子春秋·内篇諫下》："古者之爲宫室也，足以便生，不以爲奢侈也，故節於身，謂於民。"

《讀書雜志·晏子一》："孫(孫淵如)曰：'謂字疑誤。'念孫按：'謂'當爲'調'，形相似而誤也。(《集韻》引《廣雅》：'讖，調也。'今本調作謂)調者，和也。言不爲奢侈以勞民，故節於身而和於民也。《鹽鐵論·遵道篇》曰：'法令調於民，而器械便於用。’文義與此相似。後《問上篇》曰：‘舉事調乎天，籍斂和乎民。’亦與此調字同義。”

“王念孫根據文字、義訓兩方面進行分析，推斷‘謂’字爲‘調’字形似而誤。一、若作‘謂’字，則文義窒礙不通，故孫淵如已疑‘謂’爲誤字，但不知爲何字之誤；二、‘謂’與‘調’，字形相似，有致誤的可能，且有類例；三、作‘調’字，訓作‘和’，則文從字順，意義明暢。王氏所校，當時雖無舊本可供對證，但其説有理，可謂真知灼見。近年出土的山東銀雀山漢墓竹簡《晏子春秋·内篇諫下》，這句正作‘節於身而調於民’，與王校若合符節。近人張純一《晏子春秋校注》云：‘洪（頤煊）云：《爾雅·釋詁》“謂，勤也”。黄（以周）蘇（輿）説同。純一案：《墨子·辭過篇》：“是故聖王作爲宫室便於生，不以爲觀樂也……故節於生，誨於民。”誨謂義近。《書·大禹謨》曰：“克勤於邦，克儉於家。”此“節於身”即“儉於家”，“謂於民”即“勤於邦”，蓋禹法也。’張氏校注不從王説，而依誤字曲爲之解，殊失文義。

由念孫校正《晏子》，以此推闡，我們還可以校正《墨子》書中的一處錯誤。《墨子·辭過》：‘是故聖王作爲宫室，便於生，不以爲觀樂也；作爲衣服帶履，便於生，不以爲辟怪也，故節於身誨於民。’正興按：《墨子》這一段與上述《晏子》一段文義正相似。彼作‘故節於身謂於民’，念孫已校定‘謂’字爲‘調’字形似而誤，并爲銀雀山漢墓竹簡所證實；此作‘故節於身誨於民’，其中‘誨’字亦當爲‘調’字形似而訛，是涉同篇下文‘故作誨婦人治絲麻’、‘故聖人作誨男耕稼樹藝'二'誨'字而誤書。因校注《墨子》書者，對'誨於民'句，習焉不察，未加理董，故今順帶校正，并附識於此。"①

段玉裁也精於校勘，下面選幾則他用理校法而今得古本確證的例子：

(36)《詩·陳風·墓門》："夫也不良，歌以訊之。"毛傳："訊，告也。"

段玉裁《詩經小學》："《爾雅》：'誶，告也。'《釋文》：'誶，沈音粹，郭音碎。'《説文》：'誶，讓也。從言，卒聲。《國語》曰誶申胥。'《廣韻·六至》誶下引《詩》'歌以誶之'。按：誶、訊義别，誶多訛作訊，如《爾雅》：'誶，告也。'《釋文》云：'本作訊，音信。'《説文》引《國語》作誶，今《國語》作訊。《詩》'歌以誶止'、'誶予不顧'傳：'誶，告也。''莫肯用誶'箋：'誶，告也。'正用《釋詁》文，而《釋文》誤作訊，以音信爲正。賴王逸《離騷》注及《廣韻》所引可正其誤耳。《廣韻》引'歌以誶止'，今本止訛之。《列女傳》作'歌以訊止'，訊字雖誤，止字尚未誤。"②　按近年安徽阜陽漢墓出土《詩經》竹簡，作"□□梓止夫也□□歌以誶□"③，則段氏以爲應作"誶"，得到了確證。

① 薛正興：《談王念孫的推理校勘》，《社會科學戰線》1985年2期。
② 阮元：《皇清經解》，石印本，卷八十七，第3頁。
③ 《阜陽漢簡詩經》，《文物》1984年8期。

段氏花費了畢生的精力，著《説文解字注》。同時人王念孫極爲推崇此書。王氏在序裏説："千七百年來無此作矣。"但也有人以爲段氏自信太過，憑臆多改許書。可是張舜徽以段注木部與唐寫本木部殘卷核對，則段注所改與唐寫本合者甚多。今節録張氏所述於下：

(37)《廣校讎略》卷四："嘗取唐寫本《説文》木部殘卷以校段注，則段氏所改易而與唐本暗合者，實不可勝數。有徑改説解中全誤之字者：楗，二徐本作'限門也'，段改限作歫；栅，二徐本作'編樹木也'，段改樹作竪；棊，二徐作'博棊'，段改博作簙，是也。有正形近之訛者：槱，二徐本作'積火燎之也'，段改火作木；櫪，二徐本作'櫪，檕椑指也'，段改椑作柙，是也。……凡此皆獨出己見，是正訛誤，與唐人寫本若合符契。"①

段氏著《古文尚書撰異》，勘正今本誤字甚多。其中有當時僅憑理校，無别本可以印證，但今與敦煌《尚書》殘卷相對照，每多符合者。説詳王重民《敦煌古籍叙録》，②這裏不再舉例。

以上是用清代段、王二大家校勘的事例，説明理校是最高妙的校勘方法。那末爲什麽又説它是最危險的校勘方法呢？因爲理校不憑本書别本爲根據，而以各種理由爲依據。如果所舉理

① 張舜徽：《廣校讎略》，第 99 頁。
② 王重民：《敦煌古籍叙録》，第 14 頁。

由不充足,僅憑主觀想法校勘,這就會産生以不誤爲誤,或以誤改誤等情况,則愈校而錯誤愈多。校書中以臆妄改的例子很多。這裏舉《遼史》一例:

(38) 張元濟《校史隨筆·遼史》"鈎魚"條大意説,《遼史》元刻本常言"鈎魚",如《紀第一》:"太祖九年十月,鈎魚于鴨渌江。"《蕭奉先傳》:"上幸混同江鈎魚。"全書凡二十二見。但是殿本、南監本都作"釣魚",只有北監本有一處作"鈎魚"。究竟應作"鈎魚",還是"釣魚"呢? 後檢《遼史拾遺》引程大昌《演繁露》,才知作"釣魚"之誤,應作"鈎魚"。"鈎魚"是遼時王室的一種盛禮。天寒時,設帳於冰上,鑿冰取魚,謂之"鈎魚"。由於後來校者習見"釣魚",不明"鈎魚"之制,憑主觀就把"鈎魚"均改爲"釣魚"。①

我們曾對高亨《老子正詁》(重訂本)中有關校勘的注釋,作了一個粗略的統計。統計該書采用四種校勘法所得的結論,與帛書《老子》甲乙本的符合情况,見下表:

校法	次數	與《老子》甲乙本不符的	符合的	符合比率
對校	66	40	26	40%
本校	22			
他校	10	9	1	

① 張元濟:《校史隨筆》,第104頁。

續表

校法	次數	與《老子》甲乙本不符的	符合的	符合比率
理校	52	49	3	6%
總計	130	98	32	

説明：這裏一百三十條包括高氏自己的意見和同意前人校勘的意見。

帛書《老子》甲乙本，當然不能説完全符合《老子》原本，但究竟是秦漢間的本子，應該説是比較接近原本的。用它來比較，大致可以衡量校勘正確性的程度。

從這個統計中可以看出，《老子正詁》作者較多用的是對校和理校，其他兩種數量太少，所以不再計算它的符合率。對校的符合率比較高，理校的符合率非常低，二者成爲明顯的對照，所以從一般人來説，理校是一種最危險的校勘方法。陳垣説："若《元典章》的理校法，只敢用之於最顯然易見之錯誤而已，非有確證，不敢藉口理校而憑臆改也。"①

這裏再可以舉一個比較突出的例子，説明理校法用得不好，是十分危險的。前邊説王念孫是清代訓詁學大家，也是校勘大家，但智者千慮，必有一失。下面就舉他的一例：

(39)《漢書·淮南衡山濟北王傳》："初，安入朝，獻所作內篇，新出，上愛秘之。使爲《離騷傳》。旦受詔，日食時上。"

王念孫《讀書雜志·漢書九》："師古曰：'傳謂解説之，

① 陳垣：《校勘學釋例》，第149頁。

若《毛詩傳》。'念孫按:傳,當爲傅。傅與賦古字通。使爲《離騷傅》者,使約其大旨而爲之賦也。安辯博善爲文辭,故使作《離騷賦》。下文云:安又獻《頌德》及《長安都國頌》。《藝文志》有《淮南王賦》八十二篇,事與此并相類也。若謂使解釋《離騷》,若《毛詩傳》,則安才雖敏,豈能旦受詔而食時成書乎?《漢紀·孝武紀》云:'上使安作《離騷賦》,旦受詔,食時畢。'高誘《淮南鴻烈解叙》云:'詔使爲《離騷賦》,自旦受詔,日早食已。'此皆本於《漢書》,《太平御覽·皇親部十六》引此作《離騷賦》,是所見本與師古不同。"①

楊樹達《漢書窺管·五》駁王氏說,云:"傳字不誤,王說非也。西漢時傳與故不同。故,謂訓詁;傳,則泛論也。《齊詩》有《后氏故》,又有《后氏傳》。《韓詩》有《韓故》,又有《韓内外傳》。只《魯詩》有《魯故》而無傳。《毛詩》合訓詁與泛論爲一書,故統名《故訓傳》,說詳具《藝文志》。《藝文志》言齊、韓傳取《春秋》,采雜說,咸非其本義。此說明西漢時傳之體裁本如此,今《韓詩外傳》尚可見也。梁昭明太子《文選》卷五十一載王褒《四子講德論序》云:'褒既爲益州刺史王襄作《中和樂職宣佈之詩》,又作傳,名曰《四子講德》,以明其意焉。'今觀《四子講德論》但明作意,非解釋文字之訓詁體也。至東漢則不然。馬融著諸經傳,荀爽著《易傳》,書雖不存,遺文可見,則皆訓詁體也。東漢之所謂傳者,實西漢之故。荀悦東漢人,但知有訓詁之傳,不知有西漢時泛論

① 王念孫:《讀書雜志》,第296頁。

體之傳，妄疑《離騷》全篇之訓詁非半日所可成，故妄改傳爲賦。不知泛論作意之傳，以安之博辯善爲文辭，半日成之，决非難事也。班固《離騷序》云：淮南王安叙《離騷傳》，以‘《國風》好色而不淫’云云，又《文心雕龍·辨騷篇》云：‘昔漢武愛《騷》而淮南作傳，以爲《國風》好色而不淫，《小雅》怨誹而不亂，若《離騷》者，可謂兼之。蟬蜕穢滓之中，浮游塵埃之外，皭然涅而不淄，雖與日月争光可也。’所引即是淮南王所作之傳文，與《四子講德論》文體略同，非賦體也。荀悦殆未考此文，故爾妄改。王氏博學，不容未見，乃亦盲從荀悦之説，殊可怪詫。要之皆坐不知傳字兩漢體裁之不同，故有所蔽而不覺耳。”①

楊説是。這本是不成問題的事。班固《漢書·淮南王傳》稱“離騷傳”，在他所作的《離騷序》中也説“淮南作傳”，并且引一部分傳文。傳文的内容是泛論，不是訓詁；文體是散文，不是賦。事情再清楚不過了，根本不存在疑問。王氏在這裏卻立新意，用理校法推論，以爲半天寫不成傳，只能寫成賦；又以爲傳是傅字之形訛，傅又爲賦之通借。這樣輾轉推論，理由極不充足，既不能破，又不能立，必然無法證成其説。可見運用理校要特别慎重，素以精審著稱的王念孫，尚且會有失誤。

其實王氏的説法與班固的本意，差别只是在文體問題上。可是事有湊巧，後來五十年代有位學者，由王氏的説法，又進了

① 《漢書窺管》，上海古籍出版社版，第346頁。

一大步，説淮南王做的《離騷賦》就是現在的《離騷》，那就否定了屈原是《離騷》的作者。當時郭沫若作《評離騷的作者》[①]，楊樹達寫了《離騷傳與離騷賦》[②]駁斥了這個錯誤論點。這個錯誤當然由這位學者負責，但不能不説他確是受了王氏的影響。

胡適在《校勘學方法論》一文中，認爲“用善本對校是校勘學的靈魂，是校勘學的唯一途徑”。而推理的校勘“不是校勘學的正軌”，“不過是校勘學的一個支流”。[③] 胡氏這種看法有一定的片面性，用善本對校是校勘的一種重要方法，但不是唯一的方法，更不能把推理校勘説成不是正軌的。所謂善本、古本也不是絶對正確的，要靠推理校勘論證其是非。至於用推理校勘，或由於論據不足而輕率妄改，那是運用者的問題，决不能由此貶低推理校勘法本身的價值。上邊提到的陳垣所説，理校是“最高妙”之法，又是“最危險”之法，這才是對推理校勘辯證的、確切的評價。

第五節　綜合校勘法

上述四種校勘法爲校勘之基本方法，在實踐中往往幾種校勘法結合使用，這就是綜合校勘法。因爲單用一種校勘法，有時不能作出結論，即使作出結論，也不一定可靠。

---

① 郭沫若：《郭沫若古典文學論文集》，上海古籍出版社 1985 年版，第 320 頁。

② 楊樹達：《積微居小學述林》，中華書局 1983 年版，第 257 頁。

③ 胡適：《校勘學方法論》《國學季刊》四卷 3 期。

如單純用對校法，發現了幾個本子有異文，除了明顯的錯誤可以憑一般理解，判斷何本是何本非；極大部分須與其他校勘方法結合，才能判斷幾種異本的是非。例如：

(40)《後漢書・鄭玄傳》載《戒子益恩書》："吾家舊貧，不爲父母群弟所容，去廝役之吏，游學周秦之都，往來幽并兗豫之域，獲覲乎在位通人、處逸大儒。"

據各家校，"不爲父母群弟所容"之"不"字，爲衍文。一、對校——宋本《後漢書》無"不"字。二、他校——宋本《太平御覽》卷四百五十九引《後漢書》，《通志》卷一百八《鄭玄傳》，唐史承節撰《漢鄭康成碑》（見《金石萃編》卷七十六），均無"不"字。三、理校——《隋書・儒林傳》載劉炫自爲贊曰："通人司馬相如、楊子雲、馬季長、鄭康成等，皆自叙風徽，傳芳來葉。"下文説到自己："家業貧窶，爲父兄所饒，廁搢紳之末，遂得博覽典誥。"劉炫之言，顯然仿鄭玄《戒子書》，以此推之，可證《戒子書》本無"不"字。"容"、"饒"義近，均爲寬容之意，言得父母昆弟之寬容照顧，不爲廝役之事，而得游學周秦之都。後人因《後漢書・鄭玄傳》有"不樂爲吏，父數怒之"的話，因此在《戒子書》裏妄加"不"字。按此運用對校、他校、理校綜合校勘，可確證"不"字爲衍文。[①]

(41)《老子》三十八章："上德無爲而無以爲。下德爲

---

① 王利器：《鄭康成年譜》，齊魯書社 1983 年版，第 157 頁。

之而有以爲。上仁爲之而無以爲。上義爲之而有以爲。上禮爲之而莫之應,則攘臂而扔之。”(王弼本)

帛書《老子》甲、乙本皆無“下德爲之而有以爲”一句,今各本均有此句,但傅本、范本作“下德爲之而無以爲”。這樣就有三種不同的本子。要確定三種本子孰是孰非,憑對校無法解决問題,非借助理校不可。

高明《帛書〈老子〉甲乙本與今本〈老子〉校勘札記》云:“按此段文字主要闡述德、仁、義、禮四者關係,老子認爲德、仁、義、禮相爲更生,則每況愈下。如云:‘失德而後仁,失仁而後義,失義而後禮。夫禮者,忠信之薄,而亂之首也。’他用無爲的觀點看待德仁義禮,則以‘無爲而無以爲’最上;‘爲之而無以爲’其次;‘爲之而有以爲’再次;爲之而無反應,予以報復,最次。四者逐相遞差,原文邏輯性很强。今本衍‘下德’一句,造成詞義重疊。如按王弼諸本衍作‘下德爲之而有以爲’,則同‘上義’一句相重;若依傅、范諸本衍作‘下德爲之而無以爲’,則同‘上仁’一句相重。可見今本‘下德’句非《老子》原文。驗之《韓非子·解老篇》,亦只言‘上德’、‘上仁’、‘上義’、‘上禮’而無‘下德’,足證甲乙本保存了古文原貌,世傳今本、皆有衍誤。”①

① 高明:《帛書老子甲乙本與今本老子校勘記》,《文物資料叢刊》2期,文物出版社,1978年。

高明這一段是在對校的基礎上，用推理校勘，後面又加上用《解老》作他校，確證"下德"一句爲衍文。

(42)《三國志·吴書·張温傳》："若山越都除，便欲大構於(蜀)〔丕〕。"(中華書局 1982 年標點本第 133 頁)

按宋本及其他各本均作"大構於蜀"。後得新疆鄯善出土晉寫本殘卷校之，作"大構於丕"。但究竟何者爲是，還得用理校法解决。

張元濟《校史隨筆·三國志》："按張温使蜀，爲吴黄武三年，是時魏以兵力迫吴，曹休、曹仁、曹真等先後進擊。權以揚越蠻夷，多未平集，内難未弭，不得不屈意求和。然外托事魏，而非誠服也。故與蜀釋嫌修好，先以鄭泉往聘，逮蜀以鄧芝來報，邦交漸復。吴是時實有聯蜀圖魏之意，故於後來黄龍元年與蜀所立盟辭，痛斥操丕。且有'今日滅叡，禽其徒黨，非漢與吴，將復誰任？'之語。若如宋本原文，便欲大構於蜀，則與前後事實，均不相應。且果欲構蜀，權何必以'恐諸葛孔明不知吾所以與曹氏通意'之語語温？温到蜀後，又何敢爲稱美蜀政之辭？是可知宋本'蜀'字實訛，而寫本'丕'字爲正，誠可謂一字千金矣。"①

這個例子説明儘管有古本對校，還得用其他校勘法佐證。反過來説，理校法雖然有充足理由爲依據，但如果能配合其他校

① 張元濟：《校史隨筆》，第 25 頁。

勘法，那更能證成其結論。如：

(43)《楚辭·九辯》："滅規矩而改鑿。"

聞一多《楚辭校補》："案'鑿'當爲'錯'，聲之誤也。古韻錯在魚部，鑿在宵部，此本以錯與上文固相叶，後人誤改作鑿，以與下文教、樂、高葉，則固字孤立無韻矣。《離騷》曰：'固時俗之工巧兮，偭規矩而改錯。'《七諫·謬諫》曰：'固時俗之工巧兮，滅規矩而改錯。'本篇上文曰：'何時俗之工巧兮，背繩墨而改錯。'語意俱與此同，而字皆作'錯'。《文選·思玄賦》注引此文作'錯'，尤其確證。"①

這個例子，先從叶韻的理由，説明"鑿"爲"錯"字之誤，這是理校法；同時又用本校、他校等法，證成他的結論。又如：

(44)《三國志·魏書·烏丸傳》注引《魏書》："父兄死，妻後母執嫂。"(第 83 頁)

吴金華《〈三國志〉解詁》："按'執'字無義，當爲'報'字之訛。《左傳·宣公三年》：'文公報鄭子妃。'杜預注：'漢律，淫季父之妻曰報。'此其義。報、執二字，隸書形近。《史記·建元以來王子侯者年表》：'四年，今侯執德元年。'《漢書·王子侯表上》作：'元狩四年，原侯報德嗣。'此爲二字相訛之例。《後漢紀·孝明紀上卷》：'羌之先，三苗之裔

① 《聞一多全集》，第二册，第 447 頁。

也……出十二世，相與婚姻，妻後母報嫂，無鰥男寡婦，故種類繁息。'又《後漢書·烏桓傳》：'其俗妻後母，報寡嫂。'皆用'報'字。此其證。"①

這個例子，先以訓詁説明"報"的意義，又説明"報"、"執"兩字易訛。這是理校。後又舉《後漢紀》《後漢書》，這是他校。兩個方法一結合，結論可信無疑。

這裏再舉一個例子，説明對校與理校必須結合運用，才能發揮更大的作用。

(45)《水經注·渭水下》："渭水又東徑鴻門北，舊大道北下阪下口名也，古有鴻寧（當作亭）。《郡國志》曰：'新豐縣東，有鴻門亭者也。'郭緣生或云：'霸城南門，曰鴻門也。按《漢書》注：鴻門在新豐東十七里，則霸上應百里。按《史記》項伯夜馳告張良，良與俱見高祖，仍使夜返。考其道里，不容得爾。今父老傳在霸城南門數十里，於理爲得。'按：緣生此記，雖歷覽《史》《漢》，述行途經見，可謂學而不思矣。今新豐縣故城東三里，有坂長二里餘，塹原通道，南北洞開，有同門狀，謂之鴻門，孟康言在新豐東十七里，無之，蓋指縣治而言，非謂地也。自新豐故城至霸城五十里，霸城西十里則霸水，西二十里則長安城。應劭曰霸水上地名，在長安東二十里，即霸城是也。高祖舊停車處，

① 吴金華：《三國志解詁》，《南京師院學報》1981年3期。

東去新豐既遠，何由項伯夜與張良共見高祖乎？推此言之，知緣生此記乖矣。”

王國維《水經注校》：“‘東去新豐既遠，何由項伯夜與張良共見高祖乎？’宋刻本、永樂大典本、明抄本作‘既近’、‘何惡’。”王氏謂應據宋刻本改。① 王氏《宋刊水經注殘本跋》云：“案郭（緣生）酈二氏相歧之點，郭氏謂如孟康《漢書》注，則鴻門距霸上百里，項伯無由夜見張良，仍以夜返。故主霸城南門爲鴻門之説。酈氏謂新豐故城距霸上僅五十里，不礙一夕中往返，故主故城東三里坂口爲鴻門之説。若如今本，則酈説殆不可通矣。”又云：“然非宋本‘近’、‘惡’二字不訛，何由知酈氏之論旨乎？諸本中，惟大典本、明抄本與宋本同。戴氏（東原）雖見大典本，而亦從訛本，蓋未深思酈氏之説也。”②

按王氏在這段話裏，説明了三點：一、酈道元與郭緣生兩人在鴻門的地點上有分歧。酈氏認爲郭氏計算路程有錯誤，新豐之鴻門到霸上相距五十餘里，不礙一夕往返。二、今本作：“東去新豐既遠，何由項伯與張良共見高祖乎？”此語與酈氏之意相矛盾，所以應據宋刊本將“遠”改成“近”，“由”改成“惡”，上下文才能通順。三、戴東原曾看到大典本（大典本同宋刻本），可是

---

① 王國維校，袁英光、劉寅生整理：《水經注校》，上海人民出版社1984年版，第624頁。

② 王國維：《觀堂集林》，中華書局1959年版，第564頁。

没有依大典本校改，而仍從誤本，因爲没有理解酈氏之意，就不會發現前後文的矛盾。但我們如果没有宋刻本、大典本、明抄本，也可能不會發現和改正今本之訛。也就是説，有了善本對校，還要靠正確理校來判斷是非；但只憑理校，而没有善本作證，也不能達到信而有徵的要求；所以對校與正確的理校二者必須配合運用。

從以上所舉的例子，充分説明要判斷各種異本的孰是孰非，是一項非常複雜的工作，既要有立，又要有破，所以决非依靠一種校勘方法，就能解决問題的。這裏再舉一例：

(46)《爾雅·釋詁上》："台、朕、賚、畀、卜、陽，予也。"郭璞注："賚、卜、畀，皆賜與也。與猶予也。因通其名耳。《魯詩》云：'陽如之何。'今巴濮之人自呼阿陽。"按依郭説，則賚、卜、畀三字訓賜與；台、朕、陽三字訓予我。

陳玉澍《爾雅釋例》卷二"訓同義異例"（即王引之《經義述聞·爾雅上》中所説的"二義同條"例）云："台、朕訓予，予者我也；賚、畀、卜、陽訓予，予者與也。'陽'者'鍚'字之訛也。"陳氏舉了四點，論證"陽"爲"鍚"之誤。一、陸德明《經典釋文》："陽音賜，又如字；本或作賜。"陽字不得有賜音，《釋文》原文當爲："鍚，音賜，又如字。"則陸氏所見本與郭氏所見本不同。郭氏所見本作"陽"，陸氏所見有兩本，一本作"鍚"，一本作"賜"。鍚通作賜，其例在經傳中不勝枚舉。二、《書·堯典》"師鍚帝曰"僞孔傳："師，衆。鍚，與也。"孔穎達疏："師，衆。鍚，與。

《釋詁》文。”孔穎達所見《釋詁》“錫,與”,即陸氏之“錫,予”。與、予通。《書·洪範》《左傳·襄二年》孔疏:“畀,與。《釋詁》文。”《詩·周頌·豐年》孔疏引《釋詁》作“畀,予”。可見孔氏對“予”、“與”兩字每不甚分别。孔穎達所見《爾雅》本與陸氏同,均作“錫”,不作“陽”。三、郭氏所見本作“陽”,又曲爲解説,引《魯詩》“陽如之何”,及巴濮方言爲證,均不可信。《魯詩》“陽如之何”,即《毛詩·陳風·澤陂》“傷如之何”。原本《玉篇》阜部引《韓詩》“陽如之何”,“陽,傷也。”是《魯詩》之陽,亦不訓我予。至於巴濮方言“阿陽”,則《爾雅》釋經,不釋夷言,不得以此爲據。四、“陽(錫)”在“賚、畀、卜”之下,不與訓我之“台、聯”連文,其字必爲訓賜予之“錫”,不能爲訓予我之“陽”。按第一點,據《經典釋文》校記,有古本作“錫”。此爲采用對校法。第二點,據孔疏引《爾雅·釋詁》文,作“錫”,助證陸氏所見之本。此爲采用他校法。第三、第四兩點,據推理説明郭本之非。前兩點是立,後兩點是破。有破有立,陳氏這條校勘非常周密,是可以成立的。①

其實本章上邊分述四種校勘法時所舉的例子,也并不都是單純用一種方法。如例(19),《逸周書·柔武》“靡適無□”,王念孫根據《允文篇》也有“靡適不下”,所以肯定闕字是“下”字。這是本校法。但他還舉了兩個理由:一、“靡適(敵)無下”,與上文“以德爲本”意思相承。二、“下”字與“序”、“苦”、“鼓”、“武”、“下”爲韻。這是理校法。所以這個例子實際是本校與理校結合

① 陳玉澍:《爾雅釋例》,南京高等師範學校排印本,卷二,第1頁。

的例子。

又如例(30),《詩・周南・漢廣》"南有喬木,不可休息",孔穎達認爲應作"不可休思"。舉了兩點理由,一、毛傳先解"思,辭",然後始言漢上,可見毛所見本爲"休思"。二、詩用韻均在助詞之上,休、求爲韻。這兩點是理校法。阮元《校勘記》引釋文:"本或作休思。"則又加上對校法了。

又如例(26),《楚辭・九辯》"惆悵兮而私自憐",聞一多認爲"而"衍文。先從語法論證"兮"字兼具"而"字作用,不宜復用;後以幾處舊注引文無"而"字爲證。這是他校兼理校的例子。

總之,綜合校勘法可以補各種校勘法之不足,而集各種校勘法之長,所以它是比較完美的常用的校勘法。

第六節　校勘處理方式

校書者經過校勘之後,怎樣處理校勘的成果,也有各種不同的方式。歸納起來可分爲三類:

一　定本式

根據校勘的結果,把底本的誤字、衍文、脱文、倒置以及篇章等錯誤,改正過來,成爲一本定本,在注中作校記。定本式也有幾種不同的情況。

有的校注者認爲底本確鑿錯誤的地方,全部改正過來。例如:楊伯峻《春秋左傳注》,據該書《凡例》説,經傳都以阮元刻的《十三經注疏》本爲底本,利用阮氏《校勘記》,改正一部分錯誤,再取《校勘記》所未見者補校，如敦煌各種殘卷等。凡改正底本者，多於注中作校記。其文字有重要不同，雖不改動底本，亦注出，以供參考。

陳奇猷《韓非子集釋》、王利器《顏氏家訓集解》都屬於這一種情況。

有的改正底本的一部分錯誤，其已改及未改者均在注中作校記。如：孫詒讓《墨子閒詁》就屬於這一類。孫氏在《墨子閒詁・自序》中說："凡訛脱之文，舊校精確者，徑據補正，以資省覽。其以愚意訂定者，則著其説於注，不敢專輒增改，以昭詳慎。"孫氏將前人校勘精確的，改正底本；他自己校勘的，不改底本，只在注中出校記。王先謙的《荀子集解》也屬於這一種。

另一種定本式是正文全用底本，再用符號改成定本，在注中或書後作校記。

聞一多《莊子内篇校釋》爲定本式，於底本改動之處，均加上符號，在注中作校記。其自立條例云："本篇所舉《莊子》原文，據郭慶藩《莊子集釋》本。凡經校正之字句悉加標識。其例如下：一、誤文改正者；二、倒文乙轉者；三、脱文補足者，皆在字旁加'・'；四、衍文删去者，在空格内加'○'。"①

中華校點本《史記》也是定本式，它以清同治間金陵書局刊行的《史記集解索隱正義合刻本》（簡稱金陵局本）爲底本。這個本子是經張文虎校定改正的，校勘相當精審，是清代後期的善

① 《聞一多全集》，第二册，第235頁。

本，張氏另有一個《札記》。但金陵局本也有在《札記》中説'疑脱某字"、"疑應作某"而未加改正的。校點本爲了便利讀者起見，認爲張氏所疑是正確的就照改，但應删、應改的字還保存，只加上圓括弧，用小一號字排；認爲應增、改正的字，加上個方括弧。如：

(47)《高祖本紀》："與杠裏秦軍夾壁，破(魏)〔秦〕二軍。""魏"誤字，應改作"秦"。

(48)《楚世家》："於是靈王使(棄)疾殺之。""棄"衍文，應删。

(49)《陳丞相世家》："平爲人長〔大〕美色。""大"脱文，應補。[①]

校點本《史記》完全采用張文虎的校訂，所以不再附校記，而將張文虎的《札記》另刊發行。標點本二十四史都采用這種符號，并多數後附校記。

二　底本式

不改動底本，在注中作校記，或書後附校勘記。如：

中華版標點本《資治通鑒》，以清胡克家翻刻的元刊胡注本爲底本，把章鈺的《胡刻通鑒正文校刊記》裏的重要校記收入本書做注文；不改正原文，只有比較重要的遺漏才把它補入正文。

① 《史記》第十册《點校後記》。

這是屬於底本式。

朱謙之《老子校釋》以唐景龍碑本爲底本，以敦煌本、遂州本、舊鈔卷子本等互相參校，并加考訂。但不改動底本，於注中出校記。

在本章第一節對校法中，提到阮元《十三經注疏》亦爲底本式，但《十三經注疏》則於底本與其他各本有異文的字旁加▲符號。凡有符號的，後邊都有校記説明。

這個辦法比較好，便于讀者檢索。

三　札記式

這一類是不録原書全文，只録校記。其中有的是專記校勘的，如盧文弨《群書拾補》、張元濟《校史隨筆》等。其專校一書者，如聞一多《楚辭校補》。

有的訓詁與校勘合在一書，如王念孫《讀書雜志》，王引之《經義述聞》，俞樾《群經平議》《諸子平議》等。其專校釋一書者，如郭沫若《管子集校》等。

上述三種方式，各有所長。定本式適用於普及本，便於讀者閱讀；底本式保存原本面目，供學者考核原委；札記式則爲略去書之全文，節省篇幅，其功能與底本式相似。

這裏附帶談一談所謂死校法和活校法的問題。這個説法最早見於葉德輝《藏書十約・校勘七》。他説："書不校勘，不如不讀。今試言其法：曰死校，曰活校。死校者，據此本以校彼本，一行幾字，鈎乙如其書，一點一畫，照録而不改，雖有誤字，必存原文，顧千里廣圻、黄蕘圃丕烈所刻之書是也。活校者，以群書所引,改其誤字,補其闕文。又或錯舉他刻,擇善而從,别爲叢書,版歸一式,盧抱經文弨、孫淵如星衍所刻之書是也。"[1]死校指校後只記諸本異同,不判斷是非。活校指記諸本異同,判斷是非,并改正底本。葉氏舉黄蕘圃、顧千里爲死校,實在是不確切的,他們在校記中也斷是非,只是不改動底本而已。其實死校雖僅羅列諸本異同,不加判斷,但它爲活校者提供資料,作了校勘的第一步工作,也是同樣有貢獻的。

① 《郋園全書》,第二十四册,觀古堂刊本,第 9 頁。

第六章　校勘學簡史及重要著作

校勘這件事應該是很早就有的，人們開始有典籍，就相應有校勘。因爲文字傳抄常常産生錯誤，重要的文書有了錯誤，就得校正。先秦以前，提到校勘的事不少，如上邊説到的子夏校正“三豖涉河”的事，又如《春秋・昭十二年》：“春，齊高偃帥師納北燕伯于陽。”《公羊傳》：“伯于陽者何？公子陽生也。子曰：‘吾乃知之矣。’”何休解詁：“子，謂孔子，乃，乃是歲也。時孔子二十三，具知其事，後作《春秋》，按史記，知‘公’誤爲‘伯’，‘子’誤爲‘于’，‘陽’在，‘生’刊滅闕。”[①]這一條説明《春秋經》有誤字、缺字，孔子知道應校正爲“納北燕公子陽生”。至於孔子爲什麽不徑即改正《春秋經》之誤呢？據《公羊傳》説是爲了慎重，讓後人懂得不能妄改古書。

有校勘這件事，不等於有校勘學。稱爲“學”，就得對某項學問劃定一個明確範圍和一定的内容，制定一定的程式方法，成爲有系統的知識或理論。根據這個標準，校勘學的開創應在西漢時期。

下邊分四個時期，簡單叙述校勘學的發展歷史，并結合介紹一些有關校勘學的重要著作。

---

① 阮元：《十三經注疏》，第 2321 頁。

第一節　校勘學開創時期

一　校勘學的奠基人劉向、劉歆

秦始皇焚書，典籍遭到一次厄運。漢興，惠帝時除挾書律，大收篇籍，廣開獻書之路。武帝時建立藏書目録，設置抄寫書籍的專職。漢成帝時使陳農再向民間求遺書；又命劉向（前 77—前 6 年）校經傳、諸子、詩賦，任宏校兵書，尹咸校數術，李柱國校方技，由劉向總其成。每種書搜集了各種本子，其中有公家的書，藏在宫中的，所謂“中書”，藏在各官府的，如“太常書”、“太史書”等；也有私家藏書，如所謂“臣向書”、“臣某書”等。從各種本子，校出異文，删去重複，先寫在竹簡上，刊定以後，然後把定本寫在帛上。在每種書校畢，劉向就本書所用的校本、校勘過程、本書的篇目内容等寫一篇“書録”，奏上。劉向前後校書二十餘年，死後，漢哀帝復命劉向的兒子劉歆（？—23）繼承父業。劉歆又總結了當時的全部校勘工作，寫成兩部書。一部是《七略》，其中包括輯略、六藝略、諸子略、詩賦略、兵書略、術數略、方技略。另一部是《别録》，即把校過的每種書的“書録”集在一起。

據《隋書·經籍志》著録，《七略》《别録》原書爲二十卷。這兩部書在唐時還在，到宋代已失傳。清人有幾家從各種書中輯其佚文，其中以姚振宗所輯《别録七略佚文》七卷，最佳。但所輯的也僅原書的一小部分而已。好在《七略》一書，可以從班固《漢書·藝文志》見其概略。《漢書·藝文志》云：“歆於是總群書而奏其《七略》……今删其要,以備篇籍。"顏師古注:"删去浮冗,取其指要也。"《漢書·藝文志》所列的各家和書名,與《七略》所載差别不大。《藝文志》在篇末總結説:"大凡書六略,三十八種,五百九十六家,萬三千二百六十九卷。"這是《藝文志》的總數。據顏師古注:"入三家,五十篇,省兵十家。"[1]是説《藝文志》增加了三家,五十篇;删去兵家十家。這增加的三家是劉向、揚雄、杜林的著作。王充《論衡·書案篇》云:"六略之録萬三千篇。"可見《藝文志》與《七略》所載大致相近,但《七略》中原有《輯略》,而《藝文志》只有六略,缺《輯略》。劉歆《輯略》的内容,現在無法知道。據顏師古注云:"輯與集同,謂諸書之總要。"那末《輯略》是《七略》全書的總叙。班固《藝文志》把它分散在六略之後,則《輯略》也是名亡而實存。

《别録》是所校之書的"書録"的總集,每校一書,寫一篇"書録",則其篇數必然很多,但今輯得全篇完整的僅有八篇。計有《戰國策書録》《管子書録》《晏子書録》《列子書録》《鄧析子書録》《孫卿書書録》《韓非子書録》《山海經書録》。今録《晏子書録》爲例:

晏子書録

晏子八篇

内篇諫上第一,凡二十五章。

内篇諫下第二,凡二十五章。

① 《漢書補注》,中華書局版,第906頁。

内篇問上第三，凡三十章。

内篇問下第四，凡三十章。

内篇雜上第五，凡三十章。

内篇雜下第六，凡三十章。

外篇重而異者第七，凡二十七章。

外篇不合經術者第八，凡十八章。

右《晏子》凡内外八篇，總二百十五章。護左都水使者、光禄大夫臣向言：所校中書《晏子》十一篇，臣向謹與長社尉臣參校讎太史書五篇，臣向書一篇，臣參書十三篇，凡中外書三十篇，爲八百三十八章。除複重二十二篇，六百三十八章，定著八篇二百一十五章。外書無有三十六章，中書無有七十一章，中外皆有以相定。中書以“夭”爲“芳”，“又”爲“備”，“先”爲“牛”，“章”爲“長”，如此類者多。謹頗略椾，皆已定以殺青，書可繕寫。

晏子，名嬰，謚平仲。萊人。萊者，今東萊地也。晏子博聞强記，通於古今，事齊靈公、莊公、景公。以節儉力行，盡忠極諫，道齊國君得以正行，百姓得以附親。不用則退耕於野，用則必不詘義，不可脅以邪。白刃雖交胸，終不受崔杼之劫。諫齊君懸而至，順而刻，及使諸侯，莫能詘其辭。其博通如此，蓋次管仲。内能親親，外能厚賢。居國相之位，受萬鍾之禄，故親戚待其禄而衣食五百餘家，處士待而舉火者亦甚衆。晏子衣苴布之衣，麋鹿之裘，駕敝車疲馬，盡以禄給親戚朋友，齊人以此重之。晏子蓋短。其書六篇，皆忠諫其君，文章可觀，義理可法，皆合六經之義。又有複重,文辭頗異,不敢遺失,復列以爲一篇;又有頗不合經術,似非晏子言,疑後世辯士所爲者,故亦不敢失,復以爲一篇,凡八篇。其六篇可常置旁,御觀。謹第録,臣向昧死上。①

根據現有的資料,劉向父子在校書中,主要做了三方面的工作,爲我們校勘學奠定了基礎。

1. 校勘篇章

先廣泛徵集每種書的公家和私人的本子,校核篇目,删去重複的篇章,確定保存篇目和篇目次第。有的書各本不僅篇目不同,書名也不統一,則定書名。如《戰國策書録》云:"中書本號或曰國策,或曰國事,或曰短長,或曰事語,或曰長書,或曰修書。臣向以爲戰國時游士輔所用之國,爲之策謀,宜爲《戰國策》。"所以,《戰國策》這個書名,不是原來的書名,是劉向定的書名。

2. 校勘文字

校勘字句錯誤,這是校書工作中一項最重要的工作。劉向在《書録》裏,都提到文字校勘,如上引《晏子書録》。又如《列子書録》:"或字誤,以'盡'爲'進',以'賢'爲'形'。如此者衆。"《漢書・藝文志》裏也引劉向校勘字句的情况,如在《尚書》一節裏説:"劉向以中古文校歐陽、大小夏侯三家經文,《酒誥》脱簡一,《召誥》脱簡二。率簡二十五字者,脱亦二十五字;簡二十二字者,脱亦二十二字。文字異者七百有餘,脱字數十。"②

---

① 《師石山房叢書・别録佚文》。

② 王先謙:《漢書補注》,第869頁。

3. 編列目録

劉氏把所校的書分爲六個部分，即所謂六略，每部分又分若干種，又分若干家，每種又説明若干卷。在《七略》和《别録》中都叙述了各家的學術源流，説明書的要旨。有的還説明疑似之處，考訂真僞，如上引《晏子書録》中以爲第八篇"似非晏子言，疑後世辯士所爲者"。

劉向父子主持的這次校書，可以説是我國歷史上空前的一次最大規模的整理古籍工作。史書上説，孔子曾删定六經，而劉氏所校的是包括當時所有的典籍，在萬卷以上。劉氏父子的古書校訂，對我國學術的發展作出了很大貢獻，使極大部分的圖書有了一個定本，同時開創了一個校勘學的體系。我們説劉向、劉歆是校勘學的奠基人，這確是當之無愧的。

二　鄭玄校勘群經

經學的今文、古文之争，從西漢一直到東漢，其間有二百餘年。同一部經，各家有各家的本子，有各家的解釋。這樣既不利於學者的學習，又阻礙了學術的發展。到東漢後期，從當時的趨勢出發，要求各經都有一本不分今古文的有權威性的定本。鄭玄(127—200)通過對今古文各種本子的校勘，作出注釋，確定了幾種經的定本。這樣就使校勘學與訓詁學一樣，爲經學服務，成爲經學的主要附庸。

鄭玄是東漢最淵博的經學大師，他開始學今文，後來學古文，所以在校勘、訓詁諸經時，能兼采今古文而折衷求是。他注的書，有《周易》《尚書》《毛詩》《儀禮》《周禮》《禮記》《論語》《孝經》等，并曾注釋過緯書和秦漢的律書。現在保存完整的，有《毛詩箋》《三禮》注。這四部書，至今仍以鄭注本爲定本。

鄭玄校勘群經，廣羅異本，凡底本有誤脱即改正底本，注中作校記。底本不誤，而别本有異文者，亦出校記。也有底本誤，注中出校記，而不改正底本的。現舉鄭玄校勘《三禮》數例：

《儀禮》十七篇，先有今文，出於高堂生所授；後於魯淹中及孔氏壁中均出《儀禮》，爲古文。鄭氏兼采今古文，凡鄭氏認爲今文對的，則經文用今文，而注中説古文作某；凡認爲古文對的，則經文用古文，而注中説明今文作某。如：

(1)《儀禮·士冠禮》："對曰：'某敢不夙興。'"鄭玄注："今文無'對'。"

(2)《儀禮·士冠禮·記》："冠而字之，敬其名也。"鄭玄注："今文無'之'。"

(3)《儀禮·士昏禮》："贊爾黍。"鄭玄注："古文黍作稷。"

(4)《儀禮·士昏禮》："于是與始飯之錯。"鄭玄注："古文始爲姑。"①

《周禮》是屬於古文之學，無今文。但也有舊本和今本的不同。據賈公彦《周禮·太宰職》疏云："鄭注《周禮》時有數本，劉

---

① 胡培翬：《儀禮正義》，例(1)，卷二第74頁；例(2)，卷二第83頁；例(3)，卷三第24頁；例(4)，卷三第31頁。

向未校之前，或在山巖石室有古文；校後爲今文。”鄭玄注《周禮》，以今本爲底本，校以舊本，稱舊本曰故書，亦有稱古文的，稱今本曰今書。凡故書不同於今書者，在注中均云“故書作某”。也有注中云“某當爲某”，而不改經文者。如：

(5)《周禮·天官·九嬪》：“凡祭祀贊玉齍。”鄭玄注：“故書玉爲王。杜子春讀爲玉。”

(6)《周禮·天官·庖人》：“賓客之禽獻。”鄭玄注：“獻，古文爲獸。杜子春云：‘當爲獻。’”　按此“古文”即“故書”。全書只有在《庖人》及《考工記·桌氏》兩處稱古文，其餘均稱故書。

(7)《周禮·天官·瘍醫》：“以五氣養之。”鄭玄注：“五氣當爲五穀，字之誤也。”

(8)《周禮·天官·臘人》：“凡祭祀供豆脯。”鄭玄注：“脯非豆實，當爲羞，聲之誤也。”①

按(7)(8)例均未改正經文。或鄭氏以爲今書及故書均誤，但無本可據，故僅在注中說明，不徑改經文，以示慎重。

鄭玄在校勘中，亦有校正錯簡者，這較之校正一字一句關係尤大。如：

---

① 胡培翬：《周禮正義》，例(5)，卷十四第9頁；例(6)，卷七第16頁；例(7)，卷九第11頁；例(8)，卷八第21頁。

(9)《禮記·樂記》:"愛者,宜歌《商》。温良而能斷者,宜歌《齊》。夫歌者,直己而陳德也,動己而天地應焉,四時和焉,星辰理焉,萬物育焉。故《商》者,五帝之遺聲也。寬而静,柔而正者,宜歌《頌》。廣大而静,疏達而信者,宜歌《大雅》。恭儉而好禮者,宜歌《小雅》。正直而静,廉而謙者,宜歌《風》。肆直而慈愛。"鄭玄注:"此文换簡失其次。'寬而静……'宜在上。'愛者,宜歌《商》……'宜承此下行讀云:'肆直而慈愛者,宜歌《商》……'" 按今衍一愛字。

又《樂記》(接上文):"商之遺聲也,商人識之,故謂之《商》。《齊》者,三代之遺聲也,齊人識之,故謂之《齊》。"鄭玄注:"'商之遺聲也'衍字也,又誤。上所云'故《商》者,五帝之遺聲也',當居此衍字處。"①

按照鄭玄校正,則原文應爲:"寬而静,柔而正者,宜歌《頌》。廣大而静,疏達而信者,宜歌《大雅》。恭儉而好禮,宜歌《小雅》。正直而静,廉而謙者,宜歌《風》。肆直而慈愛者,宜歌《商》。温良而能斷者,宜歌《齊》。夫歌者,直己而陳德也,動己而天地應焉,四時和焉,星辰理焉,萬物育焉。故《商》者,五帝之遺聲也,商人識之,故謂之《商》。《齊》者,三代之遺聲也,齊人識之,故謂之《齊》。"

此段文字,原以錯簡太甚,不可讀。經鄭氏校正,文從字順,意思亦極明顯。但鄭氏未徑改原文,僅詳於注中。按《史記·樂

① 阮元:《十三經注疏》,第1545頁。

書》亦有此段文字，不誤，與鄭氏校正後全同。則司馬遷所見《樂記》尚未錯簡。

鄭氏的校勘，同他的訓詁一樣，爲後來治校勘者所推崇。段玉裁《經義雜記序》云："校書何放乎？放于孔子、子夏。自孔、卜而後，漢成帝時，劉向、任宏、尹咸、李柱國各顯所能，奏上。向卒，歆終其業，於是有讎、有校，有竹、有素，蓋綦詳焉。而千古大業，未有盛于鄭康成氏者也。鄭君之學，不主於墨守，而主於兼綜；不主於兼綜，而主於獨斷。其於經字之當定者，必相其文義之離合，審其音韻之遠近，以定衆説之是非，而以己説爲之補正。"[①]這是對鄭氏校勘之業非常正確的評價。

三　高誘校釋《淮南子》等書

略後於鄭玄，有高誘。高誘爲東漢末年建安時人（生卒年不詳），盧植的弟子。著有《淮南子注》《吕氏春秋注》《戰國策注》，這三部書現在都保存着。另有《孟子章句》《孝經解》已亡佚。高誘注以訓釋爲主，但也作一些校勘。一般是引用一些别本作對校。校語常云"一作某"、"或作某"，不作斷語。這裏舉《淮南子注》若干例：

(10)《淮南子·原道》："昔者馮夷大丙之御也。"高誘注："夷或作遲。丙或作白。"

(11)《淮南子·天文》："清妙之合專易，重濁之凝竭

① 段玉裁：《經韻樓集》，清道光刊本，卷八第5頁。

難。”高誘注：“專一作專。”

(12)《淮南子·天文》：“戊子干丙子，霆；庚子干丙子，夷。”高誘注：“夷或作電。”

(13)《淮南子·氾論》：“令有重罪者，出犀甲一戟。”高誘注：“犀或作三，直出三甲也。”

(14)《淮南子·精神》：“嘗試爲之擊建鼓，撞巨鐘，乃性(始)仍仍然。”高誘注：“仍仍或作聆聆，憂聞也。”

(15)《淮南子·主術》：“故假輿馬者，足不勞而致千里。”高誘注：“假或作駕。”①

高誘注中的校勘雖比較簡單，但他引用了一些較早的别本，也有參考價值。東漢以前爲經書以外的古籍作注者不多，許慎曾爲《淮南子》作注，今佚。高誘能超出經書的範圍，爲其他古籍作校注，這也是校勘學史上一個新的發展。

第二節　校勘學發展時期

從魏晉至明末，這一千四百餘年間，校勘學隨着整個民族文化的發展而不斷地發展着。這個時期的校勘，不再是專爲經學服務，看作經學的附庸。校勘对象擴大，内容更充實，校勘的方法也有所提高。這裏舉幾位有代表性的校勘家及其重要著作。

① 《淮南子》，中華書局《諸子集成》本，例(10)第 2 頁，例(11)第 35 頁，例(12)43 頁，例(13)第 229 頁，例(14)第 108 頁，例(15)第 104 頁。

一　陸德明《經典釋文》

陸德明，字元朗，吳人。生於梁大同十年(544)，卒于唐貞觀初。據前人考證，《經典釋文》創於陳，其成書亦在入隋以前。《經典釋文》三十卷，是校釋《周易》《尚書》《毛詩》《周禮》《儀禮》《禮記》《左傳》《公羊傳》《穀梁傳》《孝經》《論語》《老子》《莊子》《爾雅》十四部書的。這裏除了經以外，還有《老子》《莊子》。全書共搜集了二百三十餘種不同本子作校釋。他的校釋包括三個方面：注音、釋義、校勘。其中引用各本的注音以及字句校勘，這兩方面的分量比較多，釋義比較少。

該書校勘的方法是選擇一個底本，然後引各本異文，有的斷定是非，有的只存異文，不作斷語。除校勘文字外，也校正句讀。所引的別本都是漢魏六朝的本子，現在極大部分已經散佚。所以這是一部在校勘學上資料十分豐富的寶貴著作。如上文提到的《詩・陳風・墓門》："歌以訊之。"《釋文》云："本又作誶。"這與阜陽新出土的竹簡《詩經》合。下面集中舉該書《論語》校勘的一些例子。

該書校釋《論語》用魏何晏《論語集解》爲底本，并用鄭玄注、王肅注、虞翻注等二十種本子參校。舉例如下：

(16)《釋文》："《學而》'患不知也'，本或作'患己不知人也'，俗本妄加字，今本'患不知人也'。"

阮元《校勘記》："據《釋文》知古本作'患不知也'，蓋與《里仁》'不患莫己知，求爲可知也'，《先進》'居則曰，不吾知也，如或知爾，則何以哉’，語意同。今邢疏及《集注》本皆作‘患不知人也’，‘人’字亦淺人所加。”

(17)《釋文》：“《爲政》‘先生饌’，鄭(玄)作餕，音俊，食餘曰餕。”

阮元《校勘記》：“案馬(融)注‘饌，飲食也’。是馬本作饌，蓋作饌者《古論》，作餕者《魯論》也。”

(18)《釋文》：“《子路》‘直躬’，孔(安國)云‘躬，身也’。鄭(玄)本作弓，云直人名弓。”

阮元《校勘記》：“按《吕氏春秋·當務篇》引孔子云：‘異哉直躬之爲信也。’《淮南子·氾論訓》：‘直躬其父攘羊，而子證之。’高誘注：‘直躬，楚葉縣人也。’蓋字雖作‘躬’，亦俱不解爲直身。”①

(19)《釋文》：“《八佾》：‘君子無所争，必也射乎。’鄭(玄)讀以‘必也’絶句。”

(20)《釋文》：“《公冶長》：‘由也好勇過我，無所取材。’(我)絶句，一讀‘過’字絶句。”

(21)《釋文》：“《公冶長》‘吾黨之小子狂簡’，絶句。鄭(玄)讀至‘小子’絶句。②

① 阮元：《十三經注疏》，例(16)第2468頁，例(17)第2464頁，例(18)第2509頁。

② 陸德明：《經典釋文》，卷二四，例(16)第2頁，例(17)第2頁，例(18)第15頁，例(19)第3頁，例(20)第5頁，例(21)第6頁。

以上諸例中，陸氏《釋文》的内容很廣泛，有引各本的異文的，有引各本不同的釋義的，有引各本之注音的，有引各本不同的句讀的。陸氏在《經典釋文》卷首《條例》中云："余既撰音，須定紕謬。若兩本俱用，二理兼通，今并出之，以明同異。其涇渭相亂，朱紫可分，亦悉書之，隨加刊正。復有他經别本，詞義乖而又存之者，示博異聞耳。"①陸氏主張，能定是非則定之，不能定則并存，這種態度是非常正確的。

二　顏師古《漢書注》《匡謬正俗》

顏師古，雍州萬年人，生於隋開皇元年(581)，卒於唐貞觀十九年(645)。他是《顏氏家訓》作者顏之推的孫子，受家學很深。他參加唐初的五經考定工作，其説多爲孔穎達《五經正義》引用。著《漢書注》一百二十卷，這是一部大著作。其中有史實考證、詞語訓詁，又大量涉及到校勘。在他的《叙例》中也提到特别重視校勘。他説："《漢書》舊文，多有古字。解説之後，屢經遷易。後人習讀，以意刊改。傳寫既多，彌更淺俗。今則曲核古本，歸其真正。"顏氏在全書中，校勘之例舉不勝舉。這裏録《高祖紀》數則於下：

(22)《漢書·高祖紀》："老父曰：鄉者，夫人、兒子皆以君。"

如淳曰："言并得君之貴相也。'以'或作'似'。"師古

① 陸德明：《經典釋文》，卷一第4頁。

曰:"如說非也。言夫人及兒子以君之故,因得貴耳。不當作'似'也。" 按《漢紀》作"夫人,兒子蒙君之力也",與顏說合。

(23) 又,"以嫗爲不誠,欲苦之"。

蘇林曰:"欲困苦辱之。"師古曰:"今書苦字或作笞。笞,擊也。" 按《史記·高祖本紀》作"笞"。

(24) 又,"上破布軍於會缶"。

蘇林云:"缶音錘。"師古曰:"會,音工外反。缶,音丈瑞反。蘇音是也。此字本作錘,而轉寫者誤爲缶耳。音保非也。《黥布傳》則正作錘字,此足明其不作缶也。"

(25) 又,"吾以布衣提三尺取天下,此非天命乎"?

師古曰:"三尺,劍也。下《韓安國傳》所云三尺亦同。而流俗書本或云'提三尺劍',劍字後人所加耳。"① 按《漢紀》《通鑒》俱無劍字。

王先謙《前漢書補注叙例》云:"顏注發明駁正,度越曩哲,非仰人鼻息者也。"這對顏氏的評價是正確的。

顏氏爲了糾正當時解釋經史的謬誤及版本文字的錯誤,著《匡謬正俗》一書,其中論及校勘者甚多。玆舉一則爲例:

(26)《匡謬正俗》五"逡遁"條:"賈誼《過秦論》云:'嘗

① 王先謙:《漢書補注》,例(22)第29頁,例(23)第30頁,例(24)第56頁,例(25)第58頁。

以十倍之地，百萬之衆，仰關而攻秦。秦人開關而延敵，九國之師，逡遁而不敢進。秦無亡矢遺鏃之費，而天下已困矣。'遁者，蓋取盾之聲，以爲巡字，當音詳遵反。此言九國地廣兵强，相率西向，仰形勝之地，溯函谷之關，欲攻秦室。秦人恃其險固，無懼敵之心，不加距閉，開關而待。然九國畏懦，自度無功，遲疑不進，坐致敗散耳。後之學者，既不知遁爲巡字，遂改爲遁逃，因就釋云：九國初見秦閉關，謂其可勝，所以率兵來攻。忽見秦人開關，各懷恐懼，遂即奔走。故潘安仁《西征賦》云：'或開關而延敵，竟遁逃以奔竄。'斯爲誤矣。若見秦開關，遁逃而走，即應大被迫躡，覆軍殺將，豈得但言不敢進而已乎？且書本好者，今猶爲逡遁，不作遁逃也。"①

顔氏校釋極是。今《史記·秦始皇本紀》作"逡巡遁逃"，《史記·陳涉世家》《文選·過秦論》作"遁逃"，《漢書·陳涉項籍傳》作"遁巡"，均不確，應作"逡循"，循、遁、巡三字通用。

三　朱熹《昌黎先生集考異》

朱熹（1130—1200）是宋代的理學大家，他的《四書集注》《詩集傳》是明清兩代家弦户誦的書。他深通訓詁，也精於校勘，這裏舉所著《昌黎先生集考異》（亦名《韓文考異》）爲例。

① 顔師古：《匡謬正俗》，商務印書館 1936 年影印《小學彙函》本，卷五第 44 頁。

在朱熹前一些時候，宋方崧卿撰《韓集舉正》。方氏根據搜集到的韓文刻石本、唐令狐藏寫本等十餘種珍貴版本互校，改正了一些誤文，但也有誤改之處。朱熹撰《昌黎先生集考異》，改正方氏《舉正》中誤校之處。他在《考異》的序中說明了他有關校勘的論點，非常精闢。他說：

(27)“悉考衆本之同異，而一以文勢義理及它書之可證驗者決之。苟是矣，則雖民間近出小本不敢違；有所未安，則雖官本、古本、石本不敢信。又各詳著其所以者，以《考異》十卷，庶幾去取之未善者，覽者得參伍而筆削焉。”

下邊舉幾個例子：

(28)《伯夷頌》：“若至於舉世非之，力行而不惑者，則千百年乃一人而已耳。若伯夷者，窮天地亘萬世而不顧者也。”《考異》：“方從杭粹及范文正公寫本無‘力行’二字，‘千’下有‘五’字。云：自周初至唐貞元末幾二千年，公言千五百年，舉其成也。○今按：此篇自一家、一國，以至舉世非之而不惑者，泛說有此三等人，而伯夷之窮天地亘萬世而不顧，又別是上一等人，不可以此三者論也。前三等人皆非有所指名，故舉世非之而不顧者，亦難以年數之實論其有無，而且以千百年言之，蓋其大約如此耳。今方氏以伯夷當之，已失全篇大指。至於計其年數，則又舍其幾二千年全數之多，而反促就千五百年奇數之少，其誤蓋甚矣。方說不通文理，大率類此，不可不辯。”

(29)《争臣論》：“夫天授人以聖賢才能，豈使自有餘而已，誠欲以補其不足者也。”《考異》：“方本‘以’下(‘補’上)有‘自’字，‘者’下無‘也’字。云：‘自者，指言天之所授也，義爲長。’○今按：韓公之意，乃言天生聖賢，非但使之自有餘也，乃欲以補衆之不足耳。故下文云云。方説非是。”

(30)《鄆州溪堂詩并序》：“惟鄆也截然中居，四鄰望之。”《考異》：“閣杭蜀及諸本‘中居’之下皆有此四字，方從石本删去。○今按文勢及當時事實，皆當有此句，若其無之，則下文所謂‘恃以無恐’者爲誰恃之邪？大凡爲人作文，而身或在遠，無由親視摹刻，既有脱誤，又以毁之重勞，遂不能改。若此者，蓋親見之，亦非獨古爲然也。方氏最信閣杭蜀本，雖有謬誤，往往曲從，今此三本幸皆不誤，而反爲石本脱句所奪，甚可笑也。”[1]

朱氏先用對校、本校，然後用理校斷是非。在理校中强調文勢義理，在對校中不迷信古本、石本，這種實事求是的校勘態度，真是超越了一般校勘家。

四　彭叔夏《文苑英華辨證》

彭叔夏，南宋廬陵人，紹熙壬子(1192)鄉舉[2]，生卒年不詳。

① 朱熹：《昌黎先生集考異》，上海古籍出版社 1985 年版，例(27)第 1 頁；例(28)，卷四第 11 頁；例(29)，卷五第 3 頁；例(30)，卷五第 1 頁。

② 見《四庫全書總目提要》引《江西通志》。

《文苑英華》是一部文選總集,一千卷,成書於宋初(987)。這部書誤字多,篇次混亂。南宋時,周必大奉命重校刻印,彭叔夏任校讎,嘉泰四年(1204)刻成。彭氏將校勘所得,另輯《文苑英華辨證》十卷。彭氏校勘宗旨,見於該書《自序》:"實事是正,多聞闕疑。""書不可妄改。"全書不以《文苑英華》篇目爲次,而以誤例分類編列。這是開"校例"之端。後來王念孫《讀書雜志》校《淮南子》六十二例,俞樾《古書疑義舉例》(末三卷)以及陳垣《元典章校補釋例》等,都是從彭氏《辨證》的體例發展而來的。

《辨證》全書分二十大類:一、用字;二、用韻;三、事證;四、事誤;五、事疑;六、人名;七、官爵;八、郡縣;九、年月;十、名氏;十一、題目;十二、門類;十三、脱文;十四、同異;十五、離合;十六、避諱;十七、異域;十八、鳥獸;十九、草木;二十、雜録。每類之下,又分若干小類。今録"用字"類若干例:

(31) 用字。(一) 凡字有本之前人,不可移易者。

趙昂《攻玉賦》:"匪瑕匪穢,寧有於吾欺。"《辨證》:"穢一本作劌。按《春秋繁露》:'玉至清而不蔽其惡,内有瑕穢必見之於外,故君子不隱其短。'則穢字是。"

權德輿《李國貞碑》:"人命將泛。"《辨證》:"乃用《漢書·食貨志》:'大命將泛'。泛,方勇反,覆也。而《集》作沈。此類當以《文苑》爲正。"

用字。(二) 凡字因疑承訛者,當是正者。

李邕《日賦》:"將閑谷兮永言,豈覆盆兮貽梅。"《辨證》:"閑當作閉。《文選·曹植與吴質書》:'閉濛汜之谷。'"

吴融《沃焦山賦》,"嘉殺薿薿,五獲何利。"《辨證》:"詳上文言'幽并之墟',《管子》:'恒山有穀,四種五獲。'據此則嘉殺當作嘉穀。"

用字。(三)凡字有兩存,於義亦通者。

賈餗《穿楊葉賦》:"謑詬不能以施力。"《辨證》:"《莊子》作喫詬,喫,口懈反。喫詬,多力也。"

李德裕《大孤山賦》:"掩二山而磔豎。"《辨證》:"據郭璞《江賦》:'虎牙磔豎以屹崒。'而諸本并作傑。此類并仍其舊,或注'一作'。"①

上"用字"類分三小目:一、不能據異本妄改;二、必須改正者;三、兩存,不必改,出校記。這種做法即貫徹《自序》中所言之宗旨。彭氏校語不多,但均十分精審。清代校勘家顧廣圻對此書評價極高,其《書文苑英華辨證後》云:"此書乃校讎之模楷,豈獨讀《英華》者資其是正哉。"②此言實非過譽。

五　劉績《管子補注》

明代學風,在訓詁校勘方面不很重視。顧炎武《日知録》"改書"條云:"萬曆間人,多好改竄古書,人心之邪,風氣之變,自此而始。"但也不能一概而論,明代學者,也有在訓詁校勘上有一定

① 李昉等:《文苑英華》,中華書局 1966 年版,第 5256 頁。
② 顧廣圻:《思適齋集》,《春暉堂叢書》本,卷十五第 10 頁。

貢獻的。如明弘治間,有劉績,字用熙,號蘆泉,江夏人。[①] 校注古書很多,現在保存下來的,有《管子補注》《淮南子補注》。《管子補注》一書,收入《四庫全書》。《總目提要》云:"於舊解頗有匡正。"王念孫《讀管子雜志序》云:"自唐尹知章作注,已據訛誤之本,强爲解釋,動輒抵牾。明劉氏績頗有糾正,惜其古訓未閑,讎較猶略。"劉氏校勘雖不能與清代校勘家相比,但是他在運用各種校勘方法上,卻是比較全面而精審,有超越前人之處。下面舉一些《管子補注》的例子。

《管子》有若干篇,既有正文,又有解説,如《牧民》有《牧民解》,《形勢》有《形勢解》等。劉氏《補注》中,經常用正文與解説互校,這是比較可靠的本校法。如:

(32)《管子·形勢》:"獨王之國,勞而多禍。"補注:"當依《解》作'獨任之國'。" 按"任"字古通"壬",壬與王形近而誤。劉校是。

(33)《管子·心術下》:"正形飾德,萬物畢得。"補注:"後《内業》作'正形攝德,天仁地義,則淫然而自至'。" 按此應作"攝"。《心術下》爲《内業》之解文,已詳第二章"篇章校勘"。劉氏用《内業》校《心術下》,也是最佳的本校法。

《管子·小匡》等篇,與《國語·齊語》文句相類。又《通典》

① 清代學者均以劉績是明代人。據郭沫若考證是遼人,見《管子集校·叙録》。今仍從舊説。

引《管子》文也甚多。用這些資料來校《管子》,是采用他校法。如:

(34)《管子·小匡》:"以誓要於上下薦神。"補注:"薦當依《齊語》作'庶'。"　按劉校是,下文"庶神不格"可證。庶神,猶言衆神。

(35)《管子·國蓄》:"先王以守財物,以禦民事,而平天下也。"補注:"《通典》(食貨志)引此,'天下也'下有:'是以命之曰衡。衡者使物一高一下,不得有調也。'注:'若五穀與萬物平,人無其利,故設爲上中下之幣而行輕重之術,使一高一下,乃可權制利門,悉歸於上。'"　按劉氏引《通典》,補正文十九字,及尹知章注四十一字。

劉氏又經常運用前後文句類比,進行推理校勘。如:

(36)《管子·正》:"令之以終其欲,明之毋徑。遏之以絶其意,毋使民幸。"補注:"'明之毋徑',當作'毋使民徑',字之誤也。"王念孫《讀書雜志》:"劉説是也。'毋使民徑'與下'毋使民幸',文同一例。"

(37)《管子·侈靡》:"略近臣合於其遠者立。亡國之起,毀國之族,則兵遠而不畏。"補注:"此文當作'事立而壞'。"

按依劉説,全句當作"略近臣合於遠者,事立而壞。亡國之起(紀),毀國之族,則兵遠而不畏。"劉説是。上文有

“事立而壞何也？兵遠而不畏何也”，又與下文“則兵遠而不畏”，文同一例。

《補注》中，也有校勘前人句讀錯誤者。如：

(38)《管子·君臣下》：“是故明君審居處之教，而民可使（尹知章注：人從教，故可使。），居治戰勝守固者也（尹注：居處既治，戰則勝，守則固。）。”《補注》：“‘而民可使’以下十二字連讀，謂可使民居則治，以戰則勝，以守則固也。”①

按應從劉校句讀，尹注非是。

劉氏《補注》也有一些采用對校，但均不注明别本出處。大概劉氏所見别本不多，這是他的局限。《補注》中對尚無確證，没有充分把握者，常用“某或疑某字之誤”、“某疑衍”等，態度非常嚴謹。

宋鄭樵（1104—1162）著《通志略》，其中有《校讎略》，這是我國第一部論述校讎理論的專著。但該書所述爲廣義的校讎，着重論述徵求圖書及編制目録等問題，所以這裏不再詳述。

① 郭沫若：《管子集校》，例（32）第35頁，例（33）第651頁，例（34）第354頁，例（35）第1069頁，例（36）第748頁，例（37）第579頁，例（38）第480頁。

第三節　校勘學全盛時期

清代是校勘學的全盛時期。清初學風厭棄宋明之理學，而崇尚樸學，亦即漢學。清代的樸學，它的涵義很廣，概括説來，遵循漢代鄭玄等經師治學精神，并以文字、音韻、訓詁爲基礎，對經傳及其他古籍作校訂、注釋，考據工作。所以清代的校勘學、訓詁學、考據學等更深入，更周密，富有求實的科學精神，均超越前代。

一　清代樸學的開創者顧亭林

顧炎武亭林(1613—1682)，提倡"博學於文"。他説："讀九經自考文始，考文自知音始，以至諸子百家之書，亦莫不然。"①所著《日知録》，每談一事，詳其始末，語必有證，證必多例；其引據很多，而無抵牾之處。這是後來考據學的典範。又著《音學五書》《九經誤字》《五經同異》《石經考》等，爲清代校勘學奠定了基礎。顧氏在《日知録》一書中，幾次談到有關校勘問題。如：

(39)《日知録》"改書"條引《東坡志林》曰："近世人輕以意改書，鄙淺之人好惡多同，故從而和之者衆，遂使古書日就訛舛，深可忿疾。孔子曰：吾猶及史之闕文也。自予少時，見前輩皆不敢輕改書，故蜀本大字書皆善本。"

---

① 《亭林文集・答李子德書》，川隱居校本，卷四，第7頁。

(40) 又《勘書》條云:"凡勘書必用能讀書之人。偶見《焦氏易林》舊刊,有曰'環緒倚鉏',乃'環堵'之誤。注云:緒疑當作珮。'井堙水刊',乃'木刊'之誤。注云:刊疑當作利。失之遠矣。幸其出於前人,雖不讀書,而猶遵守本文,不敢輒改。苟如近世之人,據臆改之,則文益晦,義益舛,而傳之後日,雖有善讀者,亦茫然無可尋求矣。然則今之坊刻,不擇其人而委之讎勘,豈不爲大害乎?"①

顧氏此論,針對明代校勘不擇其人,好妄改古書而發,這確是校勘工作中最重要之戒律。

二　吴派校勘學家——惠棟、錢大昕、顧廣圻等

顧亭林之後,治訓詁校勘者有吴人惠棟定宇(1697—1758),皖人戴震東原(1723—1777)。後人以爲兩人治學方法不同,稱吴派、皖派。

惠氏推崇漢儒舊説,比較謹守家法,所以有人認爲吴派泥古保守。今觀其所著《九經古義》一書,在校勘上亦有破舊創新之處。今舉其校訂《毛詩》兩則爲例:

(41)《詩·大雅·下武》:"昭兹來許。"毛傳:"許,進。"《九經古義·毛詩下》云:"訓許爲進,未詳所出。按《後漢志》載《東觀漢紀》引《詩》云'昭兹來禦'。蔡邕《獨斷》云:

① 顧炎武:《日知録》,例(39)六,第125頁;例(40)六,第124頁。

‘禦，進也。’與傳合。疑傳寫之誤。”

(42)《詩·周頌·載芟》：“有略其耜。”毛傳：“略，利也。”《釋文》：“字書作䂮。”《九經古義·毛詩下》云：“棟按：䂮，本籀文鍔字。故《釋詁》云：‘䂮，利也。’耜有鋒鍔乃能熾菑其田畝。‘略’無訓利之文，當從字書作䂮。唐石經亦作略，非。”①

以上兩條惠氏均對今本《毛詩》經文有所校正，可見惠棟治學并非泥古。

錢大昕竹汀(1728—1804)，嘉定人，久居吴門，與當時吴中學者友善。後人亦以爲他是吴派。其實他治學態度謹嚴，有同于惠氏。但從他所著《十駕齋養新録》及《廿二史考異》來看，其治經、治小學、治史都不專守一家，不迷信古本，精闢絶倫，突過前人。阮元在《養新録》的序裏説他的《考異》是“訂千年未正之訛”，確非過譽。在本書第五章裏的“理校法”一節中，曾引錢氏校《後漢書·郭太傳》一例，可以參看。兹舉《養新録》校《説文》誤字兩則：

(43)《十駕齋養新録·卷四》：“説文校訛字”條：“褫，奪衣也。讀若池。案《説文》無‘池’字，當爲‘拕’。《易》‘終朝三褫之’，鄭康成本，褫作拕。《淮南·人間訓》：‘秦牛缺遇盗，拕其衣被。’高誘注：‘拕，奪也。’許君讀若之字，皆經

① 阮元：《皇清經解》，例(41)，卷五第18頁；例(42)，卷五第18頁。

典通用字，扡奪聲亦相近。”

(44) 又，“艸部兩藍字，前云‘染青艸也。從艸，監聲’，此正字。後云‘瓜菹也，從艸，監聲’，此誤字，當作藍，從艸，濫聲。《玉篇》載此兩字，一從監，一從濫。《廣韻》：‘藍，瓜菹也。’出《説文》，是《説文》有藍字。”①

顧廣圻千里（1766—1835），吴人。他以惠棟弟子江聲爲師。他一生從事校書，是清代第一流的校勘專家。他提倡“書必以不校校之”。所謂“不校”者，不改動底本；所謂“校之”者，附校記辨各本之是非。這是一種比較慎重的態度。

顧氏曾與段玉裁爲一字發生争論。《禮記·祭義》鄭玄注：“四學，謂四郊之虞庠也。”顧氏據《王制》“虞庠在國之西郊”，《祭義》鄭注之“四郊”，爲“西郊”形近之誤。段氏以爲《王制》“西”字當改作“四”，《祭義》鄭注不應改。各爲文争論不已，竟成水火。今據《王制》鄭玄注：“虞庠亦小學也，西序在西郊，周立小學於西郊。”則《祭義》之注或字誤，似以顧説爲近。

顧廣圻是一個寒士，依靠代人校刻古書爲生。如爲阮元校刻《毛詩注疏》，爲孫星衍校刻《説文》，爲胡克家校刻《文選》《通鑒》，爲黄丕烈校刻《國語》等，都附有他寫的校記，而題他人的姓名。

顧氏爲胡克家校《文選》，撰《文選考異》（也是用胡克家的名），其所校與後來發現的敦煌《文選》殘卷（見羅振玉編《敦煌秘

① 錢大昕：《十駕齋養新録》，第67頁。

籍留真新編》影印本),每多暗合,于此可見顧氏校勘之精審。

三　皖派校勘學家——戴東原、盧文弨、段玉裁、王念孫、王引之、阮元、俞樾、孫詒讓、于鬯等

戴東原是皖派的領袖,他是一位思想家,又是經學、小學大師。治學主張與顧亭林相同。以治小學爲基礎,"由字以通其詞,由詞以通其道"。主張學《説文》,通六書,爲治學之本。戴氏在校勘方面,以校《水經注》爲最著。在第二章"篇章校勘"裏提到過。著《毛鄭詩考正》及《詩經補注》兩書,有很多涉及校勘問題。後來段玉裁的《詩經小學》、陳奂的《毛詩傳疏》,很多采用戴氏之説。這裏舉幾個例子:

(45)《詩·陳風·月出》:"勞心慘兮。"《毛鄭詩考正》云:"震按:慘,七感切。《方言》云:'殺也。'《説文》云:'毒也。'音義皆於《詩》不協。蓋懆字轉寫訛爲慘耳。懆,千到切,故與照、燎、紹韻。《説文》:'懆,愁不安也。'引《詩》'念子懆懆',今《詩》中《正月篇》'憂心慘慘',《北山篇》'或慘慘劬勞',《抑篇》'我心慘慘',皆懆懆之訛。《釋文》於《北山篇》云:'字亦作懆。'于《白華篇》'念子懆懆'云:'亦作慘慘。'蓋未能決定二字音義,亦猶誶與訊之溷淆矣。"

(46)《詩·小雅·六月》:"玁狁孔熾,我是用急。"《毛鄭詩考正》云:"震按:《鹽鐵論》引此作:'我是用戒。'戒,猶備也。治軍事爲備禦曰戒。訛作急,義似劣矣。急字於韻亦不合。《采薇篇》翼、服、戒、棘爲韻;《常武篇》戒、國

爲韻。”

(47)《詩·周南·卷耳》:“云何吁矣。”毛傳:“吁,憂也。”《詩經補注》云:“吁當爲盱。《何人斯》之詩曰:‘壹者之來,云何其盱。’《都人士》之詩曰:‘我不見兮,云何盱矣。’皆不得見而遠望之意。《説文》:‘盱,張目也。’《爾雅》:‘盱,憂也。’毛詩於盱字不復釋,則皆蒙《卷耳》傳矣。今此詩及傳作籲者,後人轉寫之訛耳。”①

戴氏校書,均先審字音、字義,尋文理,然後用本校、他校,證成其説。

盧文弨抱經(1717—1795),餘姚人。與戴東原交游,其治學亦與戴氏相近。終身以校書爲事,祁寒酷暑,不稍間斷。每校一書,必搜羅衆本,反復鈎稽,爲清代第一流的校勘家,與稍後的顧千里,并稱盧顧。

盧氏校書極爲精密謹慎。他説:“古書流傳,訛謬自所不免,果有據依,自當改正。但究須審慎,疑者寧闕,以俟後之人或有能通其意者,若遽憑臆改定,而又全没舊文,則似是而非之弊,又不可勝言者矣。”今舉所著《鍾山札記》中二則:

(48)《左傳·僖三十三年》:“鄭之有原圃,猶秦之有具囿也。”《鍾山札記》“原圃具圃”條云:“宋時本是具圃,今本

① 阮元:《皇清經解》,例(45),卷八一第2頁;例(46),卷八一第3頁;例(47),卷八二第1頁。

作具囿。按《初學記》河南道所引是具圃,《水經·潧水》下所引本是具圃,新校本乃改作具囿。今以杜預注考之,云'原圃具圃,皆囿名',若是具囿,杜不必如是下注,即注亦當止云'原圃亦囿名'可矣,以此知作具圃爲是。高誘注《吕氏春秋》,凡所引皆作具圃也。"按王引之《經義述聞·春秋左傳上》"具囿"條,亦謂應作"具圃",與盧説同。近人楊伯峻《春秋左傳注》云:"六朝卷子本(即金澤文庫本所據)、敦煌六朝寫本、唐石經本以下諸本皆作具囿,故不從。"①

(49)《孟子·滕文公下》:"吾爲之範我馳驅,終日不獲一。"《鍾山札記》"范氏"條云:"古本作范氏馳驅。《宋書·樂志四·君馬篇》:'願爲范氏驅,雍容步中畿,豈效詭遇子,馳騁趣危機。'正用此。孫宣公《孟子音義》云:'范我或作范氏。范氏古善禦者。'按《文選·東都賦》'范氏施禦',李善注引《括地圖》曰:'夏德盛,二龍降之,禹使范氏禦之,以行經南方。'"② 按阮元《校勘記》與盧氏説同,并加引證據,證成其説。

盧氏一生校書數萬卷。自刻全書者有《新書》《春秋繁露》等二十種,凡二百六十三卷,彙成《抱經堂叢書》。另有數十種,仿《經典釋文》體例,只録校記,成《群書拾補》三十卷。還有許多校

① 阮元:《皇清經解》,卷五二,《鍾山札記》第2頁。王引之:《經義述聞》,第415頁。楊伯峻:《春秋左傳注》,中華書局1981年版,第469頁。

② 阮元:《皇清經解》,卷五二第2頁。

本來刻，有的已經散失，極爲可惜。

段玉裁茂堂（1735—1815），受教于戴東原，是清代的小學家。他校勘《説文解字》及其他經傳，極爲精闢。已于第五章“理校法”一節裏舉了一些例子，這裏不再舉例。他有關校勘學的論説很多。如《與黄蕘圃論孟子音義書》云：“凡宋版古書，信其是處則從之，信其非處則改之，其疑而不定者則姑存以俟之。不得勿論其是非，不敢改易一字，意欲存其真，適滋後來之惑也。”①這段話主要是批評只羅列各本異同，而不斷是非，不改易一字的所謂死校派。任何事物，都要一分爲二，段氏在校《説文》中勇於改字，有精闢之處，上文已經提到過，但也有武斷之處。段氏《説文注》問世以後，與他同時的鈕樹玉即著《段氏説文注訂》，指出其不當改動者。鈕氏於序中歸納了段注《説文》所以致誤的原因有六點。

（50）鈕樹玉《段氏説文注訂序》：“許書解字大都本諸經籍之最先者，今則自立條例，以爲必用本字，一也。古無韻書，今創十七部以繩九千餘文，二也。六書轉注本在同部，故云建類一首，今以爲諸字音旨略同，義可互受，三也。凡引證之文當同本文，今或別易一字，以爲引經會意，四也。字者孳乳浸多，今有音義相同及諸書失引者，輒疑爲淺人增，五也。陸氏《釋文》、孔氏《正義》所引《説文》多誤，《韻會》雖本《系傳》而自有增改，今則一一篤信，六也。有此六

① 段玉裁：《經韻樓集》，卷四第39頁。

端，遂多更張，迥非許書本來面目，亦不能爲之諱也。”①

段氏治《説文》確有創見，但以自信太過，不免有謬誤之處。鈕氏所舉，其中有幾點是有關校勘的一般性問題，凡從事校勘者，亦應引以爲戒。

王念孫石臞(1744—1832)，從戴氏學，所著《廣雅疏證》《讀書雜志》最爲精審。子王引之伯申(1766—1834)，承其家學，著《經義述聞》《經傳釋詞》。王氏父子這四部書，是清代訓詁學、校勘學之代表著作。阮元芸臺(1764—1849)，爲《十三經注疏校勘記》。他們有關校勘的論説和例子，在前幾章裏已引用了一些，這裏不再舉例。

有清一代治校勘者人才輩出，以上所舉僅爲較著名者。其他有畢沅秋帆(1730—1797)，輯《經訓堂叢書》，其中校《墨子》《山海經》最爲精善。汪中容甫(1744—1794)，著《述學》，治《墨子》《荀子》。孫星衍淵如(1753—1818)，其用功最勤者爲《尚書今古文注疏》《晏子春秋》。稍後有俞樾曲園(1821—1908)，著作甚富，有關校勘者，有《群經平議》《諸子平議》《古書疑義舉例》。《古書疑義舉例》第五、六、七卷提出了許多校勘學的通則，與王念孫《讀淮南内篇雜志後序》所舉六十二條通則，堪稱爲校勘學的方法論，使校勘學成爲有條例、有系統的一種科學。與俞同時者有孫詒讓仲容(1848—1908)，爲有清一代最後一位經學、小學家，著有《周禮正義》《墨子間詁》《札迻》。他總結了乾嘉諸校勘

① 鈕樹玉:《段氏説文注訂》,《叢書集成》本,第1頁。

家的經驗，所以孫氏所校書，較前人更爲精審。稍後有于鬯，字醴尊，號香草(1854—1910)，著作甚富，有關校勘者，有《香草校書》六十卷，《香草續校書》二十二卷，頗有創見。

四　章學誠《校讎通義》

章學誠實齋(1738—1801)，浙江會稽人，著《文史通義》及《校讎通義》。《校讎通義》是繼宋鄭樵《校讎略》後的又一本校讎理論專著。該書所論也是廣義的校讎，全書主要闡述劉氏《七略》之旨，并對編目、提要、校勘等提出了一些新的見解。他主張爲了校勘時便於查檢群書，宜先按韻部編成索引。

(51)《校讎通義·校讎條例》："竊以爲典籍浩繁，聞見有限，在博雅者且不能悉究無遺，况其下乎？以謂校讎之先，宜盡取四庫之藏、中外之籍，擇其中之人名、地號，官階、書目，凡一切有名可治、有數可稽者，略仿《佩文韻府》之例，悉編爲韻，乃於本韻之下，注明原書出處，及先後篇第，自一見再見以至數千百皆詳之。藏之館中，以爲群書之總類。至校書之時，遇有疑似之處，即名而求其編韻，因韻而檢其本書，參互錯綜，即可得其至是。此則淵博之儒，窮畢生年力而不可究殫者，今即中才校勘，可坐收于几席之間，非校讎之良法歟？"①

① 章學誠：《校讎通義》，道光刊本，卷一第12頁。

章氏所説，即今日的索引、引得。後來阮元的《經籍籑詁》有些近似，但範圍較狹，只限於單字，尚未脱前人字書的窠臼。今日整理古籍計劃編制大量古籍索引，才是符合章氏之志的，如進一步將索引製成軟件，輸入電腦，則又超越章氏的設想了。

張之洞《書目答問》附有《國朝著述諸家姓名録》，其中列舉清代校勘家三十一人，可以參考，這裏不再一一列舉。

第四節　校勘學新的發展時期

從辛亥革命到目前的七十多年中，校勘學隨著社會的變革，生產的發展，文化的進步，又進入到一個新的發展時期。主要表現在下列這幾個方面。

一　出版大量善本書，編制專書索引及善本目録

校勘工作首要具備的條件是集合衆本。過去所謂善本、孤本，不是藏在内府，就是爲少數藏書家所有，一般學者是不可能輕易看到并利用的。近幾十年來，出版事業發達，印刷技術進步，許多原來罕見的古版本書籍得大量印刷發行，這是大大有利於校勘工作的。兹舉其最著者：

1.《四部叢刊》（商務印書館），正編 323 種，續編 77 種，三編 71 種。如《正編》影印宋版 72 種，金版 2 種，元版 34 種，其他也屬明清善本。

2.《續古逸叢書》（商務印書館），這是繼清末黎庶昌刻的《古逸叢書》而編的。《續古逸叢書》影印宋版書五十餘種。

3.《百衲本二十四史》(商務印書館),彙集宋元刻本及明刻本等。

4.《四庫全書珍本初集》(商務印書館),230 種,1760 册。近臺灣已影印出版文淵閣本《四庫全書》。

5.《叢書集成初編》(商務印書館),4107 種。其中有常見書,但也有一部分影印的罕見書。

6.《道藏》《續道藏》,共收 1476 種,5485 卷。最早刻于明正統及萬曆間。1927 年上海涵芬樓用北京白雲觀本影印。最近上海書店重印。

字書、類書也是校勘古籍必不可缺的資料。七十年内也搜集和重印了大量的字書、類書。如:

1. 慧琳《一切經音義》一百卷,宋希麟《續音義》。丁福保據日本刊本印行。

2.《藝文類聚》一百卷,唐歐陽詢等編。1959 年中華書局影印宋本。

3.《初學記》三十卷,唐徐堅等編。1962 年中華書局出版校印本。

4.《白氏六帖事類集》三十卷,唐白居易撰。1933 年吴興張氏刊本。

5.《太平御覽》一千卷,目録十卷,宋李昉等編。1935 年商務印書館影宋本,1960 年中華書局重印。

6.《册府元龜》一千卷,目録十卷,宋王欽若等編。1960 年中華書局影印。

7.《永樂大典》原二二八七七卷,目録六十卷,明姚廣孝等編,已散佚不全。1959 年中華書局曾把搜集到的國内外藏本共 730 卷影印出版,近年又搜集到 65 卷,影印出版。據報導,中國社會科學院文學研究所欒貴明同志已編成《永樂大典綜合索引》。

8.《古今圖書集成》一萬卷,總目四十卷,清陳夢雷等編。1934 年中華書局曾影印發行,最近又重印,并編有詳細分類目録及索引。

編制索引對校勘工作也提供了有利條件。這在上一節章學誠《校讎通義》中,曾説到過。最近幾十年編制了一定數量的專書詞語索引。如燕京大學引得編纂處,編了引得四十餘種。中法漢學研究所編制通檢近十種。其他如葉紹鈞的《十三經索引》,楊伯峻的《論語詞典》《孟子詞典》《春秋左傳詞典》等。日本近年來也編了許多索引。

在過去,藏書家常常編寫善本書目及題記,如《鐵琴銅劍樓藏書目録》《海源閣藏書目》等,這只是供人們瞭解善本書情況,見書目,而不能見其書。現在各大圖書館、各大學等都編寫善本書目,其作用不僅能瞭解版本情況,而且可以按圖索驥,借用校閱,大大促進了校書工作。最近開始出版《全國古籍善本總目》,這也是整理古文獻的一項重要基本建設。

二　發現和整理大量竹木簡、帛書、敦煌遺書、碑刻

近幾十年由於考古學的發展,各地發現大量的竹簡、木牘、帛書、碑刻以及敦煌石室的遺書。這些材料可以用來考證古史,同時對整理和校勘古籍起了很大的作用。下面分述一些主要的情況。

(一) 竹木簡和帛書

竹木簡歷代都有發現,據歷史記載,以西漢的孔壁和晉代汲塚發現最多。本世紀初,英人斯坦因于新疆、甘肅盜竊漢晉簡牘千餘枚,後羅振玉設法取得照片,與王國維共同考釋,其内容分爲三類:一、小學、術數、方技,二、簡牘遺文,三、屯戍。編成《流沙墜簡》一書。

1930 年在甘肅居延地區發掘出土兩漢木簡一萬枚,内容大多是漢代西陲軍事駐防的薄册,見《居延漢簡甲編》。1973 年繼續在居延發掘,出土木簡近二萬枚,内容除屯戍簿册外,還有其他文獻資料,見《居延漢代遺址的發掘和新出土的簡册文物》(《文物》1978 年第 1 期)。

1959 年甘肅武威漢墓出土大量竹木簡,其中有《儀禮》竹簡四百九十枚,這是研究《儀禮》版本及校勘的第一手材料,編成《武威漢簡》一書。

1972 年山東臨沂銀雀山漢墓出土竹簡四千九百枚,有《孫子兵法》《孫臏兵法》《六韜》《尉繚子》《管子》《晏子》《墨子》等殘本。《孫臏兵法》久佚,《漢書・藝文志》有《孫臏兵法》八十九篇,今整理得三十篇。在《孫臏兵法》失傳以後,有人懷疑孫武和孫臏是否各有兵書傳世,現在這個懸案得到解决了。墓中又有《漢武帝元光元年曆譜》竹簡三十枚,這是現存最完整的曆譜。從這個曆譜證實漢太初前使用的是《顓頊曆》,從而可以重新推算,校正以前的漢初朔閏表。已編有《銀雀山漢墓竹簡(壹)》(文物出版社)。

1973 年湖南長沙馬王堆西漢墓出土大量帛書。計有二十六件：(1)《周易》。(2)《喪服圖》。(3)《春秋事語》。(4)《戰國縱横家書》。(5)《老子》甲本，附佚書三種。(6)《九主圖》。(7)《黄帝書》和《老子》乙本。(8)《刑德》甲、乙種。(9)《刑德》丙種。(10)《五星占》。(11)《天文氣象雜占》。(12)《篆書陰陽五行》。(13)《隸書陰陽五行》。(14)《木人占》。(15)《符箓》。(16)《神圖》。(17)《築城圖》。(18)《園寢圖》。(19)《相馬經》。(20)《五十二病方》，附佚書四種。(21)《胎産圖》。(22)《養生圖》。(23)《雜療方》。(24)《引導圖》，附佚書二種。(25)《長沙國南部圖》。(26)《駐軍圖》。從以上可見帛書内容涉及政治、軍事、哲學、醫療、天文、曆法各個方面，它豐富了古代文化史的内容，又可以作爲校勘古籍的依據。在前幾章裏，也曾提到過這方面的例子。已編《馬王堆帛書(壹)》(文物出版社)一書。

1973年河北定縣西漢墓中出土竹簡，共八種：《論語》《文子》《儒家者言》《哀公問五義》《保傅傳》《太公》《五鳳二年正月六安王入朝起居記》《日書》。現正在整理，見《古籍整理出版情況簡報》1981年第3期。

1975年湖北雲夢睡虎地秦墓出土竹簡一千餘枚，有九種：《秦律十八種》《效律》《秦律雜抄》《法律答問》《封診式》《爲吏之道》《編年記》《語書》《日書》。其中秦律幾種，爲我國最早的成文法典。其中《編年記》可校《史記・六國年表》之誤。已編《睡虎地秦墓竹簡》(文物出版社)一書。

1977年安徽阜陽西漢墓出土竹簡，有《詩經》《易經》《倉頡篇》殘本。《詩經》已整理。見《文物》1984 年第 8 期。[①]

（二）敦煌遺書

敦煌遺書藏于甘肅敦煌鳴沙山石窟，幾及千年，至 1899 年始被發現。但這些寶貴的文獻，大部分被帝國主義分子所盜劫。英斯坦因劫走九千件，現藏倫敦不列顛博物館。法伯希和劫走五千件，現藏巴黎國家圖書館。俄鄂登堡劫走三千件以上。日本大谷光瑞劫走三千餘件。1909 年清政府去接管，在運送途中又被地方官吏劫走一部分，最後殘餘八千多卷，現存北京圖書館。有人估計遺書總數應爲四萬至五萬件。

1909 年以後，伯希和曾把敦煌遺書中有關四部的照片送給蔣斧、羅振玉等人。羅氏即次第印成《敦煌石室遺書》《鳴沙石室佚書》《鳴沙石室古籍叢殘》等書，引起了當時學者如王國維、劉師培等人的注意，與現存版本校勘，寫成了校記、叙録等。後來劉復、向達、王重民等，先後到巴黎、倫敦抄録或攝取了四部書方面的照片。1956 年王重民等根據一百八十七個寫本，校定七十八種變文，編成《敦煌變文集》。1962 年王重民將國内外所藏敦煌遺書，編成《敦煌遺書總目索引》（商務印書館出版，1983 年中華書局重印）。1979 年王重民又將羅振玉、王國維、劉師培等人及王本人所寫的叙録彙成《敦煌古籍叙録》（中華書局出版）。

目前我國已有國外所藏敦煌遺書的大部分縮微膠卷。最近

① 關於竹木簡和帛書出土情況，參考《我國古代竹木簡發現出土情況》一文（《文物》1981 年第 1 期）及《新中國的考古發現和研究》一書，文物出版社 1984 年出版。

組成敦煌遺書編輯組，擬先整理漢文部分中的官府檔案及四部書，在三年内編成《敦煌遺書選輯》影印本三十卷；第二步工作再做釋文及注解。臺灣已出版《敦煌寶藏》一書，擬將國内外敦煌遺書全部影印，這裏看到的已有一百六十册，尚未出全。

（三）碑刻

碑刻中的歷代石經，這是校勘經籍的重要資料，前人在這方面已做了大量整理工作，在校勘中得到充分利用。其他的碑銘、墓誌，分佈更廣，數量更多。它保存了歷史的資料，往往可以校正史籍記載中的某些錯誤，所以也是校勘的重要資料。清代有王昶的《金石萃編》，但所收録僅一千幾百件。最近重印的清末陸增祥的《八瓊室金石補正》一百三十卷，也增補不多。臺灣印有《石刻史料新編》三十本，收辛亥以前有關石刻之書一〇二種，較爲完備。近幾十年來，在考古發掘及基本建設工地中出土的碑刻數量驚人。據專家估計，僅唐代墓誌散在全國各地已知者有一萬五千余件，其餘歷代碑刻的數量，還説不清楚。這些已經發現的碑刻，有待集中彙編整理影印，才能充分發揮作用。

三　本期校勘成果

以上所述的兩項，説明這七十年來在校勘的資料方面有了新的發展，爲校勘工作創造了有利的客觀條件。這個時期的校勘成果，也相應地有了發展。經部的書在清代已由許多學者整理，基本上都有新疏，集中彙編在《皇清經解》和《續編》兩部叢書裏，所以近幾十年來經部校勘成果不多。史部則《資治通鑒》《廿四史》《清史稿》校點本的出版，是一件大的工程。子部、集部其中有些重要的書，已經有比較完善的校本。數量較多，不能一一列舉，下面只是從各方面選幾本書爲例，這幾本都是利用新資料進行校勘，而成爲目前比較完善的校本的。

（一）王國維《水經注校》，上海人民出版社 1984 年版。

王氏此書以明朱謀㙔《水經注箋》爲底本，對校了宋刻本（殘本），明抄本，明永樂大典本（卷一至卷二十），孫潛夫、袁壽階手校本，黄省曾刻本，吴琯本等。

《水經注》是一部古代歷史地理的重要典籍，因爲時代久遠，輾轉傳抄，錯誤殘闕很多。從明代起，就有不少學者對此書校勘研究。王國維在前人校勘研究的基礎上，從事《水經注》校勘，前後經十餘年（該校本大概完成於 1925 年）。他掌握了目前能看到的所有主要版本，如宋刻殘本、明抄本等。正如趙萬里在《王静安先生年譜》裏説的"《水經》異本畢具於此"。這是王氏最有利的條件。王氏選擇明朱氏《水經注箋》爲底本，這也是很正確的，《水經注箋》是明刻本中最好的一個本子。再加上王氏精審校勘，所以成績巨大，超越前人，該書可以説是《水經注》校本的一個總結。

王氏不僅對《水經注》本身的校勘取得了豐碩的成果，另外寫了《宋刊水經注殘本跋》《永樂大典本水經注跋》《明抄本水經注跋》《朱謀㙔水經注箋跋》《孫潛夫校水經注殘本跋》《聚珍本戴校水經注跋》等文章，對各種版本的長處、源流，有清一代學者的成就以及相互間的因襲關係，作了正確的評價，這對今後《水經注》的校勘研究也有很大幫助。

現在出版的《水經注校》，是根據吉林大學圖書館藏的王氏手校本排印的，天頭、地脚、正文旁的校記以及各種標號。均依原書地位排印，基本上保存原書的款式。整理者又加上標點，便於讀者，但標點失檢處較多。

（二）陳垣《元典章校補》，北京大學研究所 1931 年刊行。《元典章校補釋例》，中央研究院歷史語言研究所 1934 年刊行。1981 年，北京中國書店將兩書連同《元典章》合并重印。

《元典章》是一部有關元代典章制度的實録，過去被認爲“所載皆案牘之文，乃吏胥鈔記之條格。不足以資考證”（見《四庫全書總目提要》），不爲人所重視，《四庫全書》亦僅列入存目。光緒末年（1908）沈家本重刻此書，雕版甚精，但所用底本不善，校勘不審，謬誤甚多。1925 年，陳垣在故宫發見一部内府藏元刻本，即以沈刻本爲底本，用元刻本并參以幾種舊鈔本校，校得誤文一萬二千條，補闕一百零二頁，著《元典章校補》六卷，《闕文》二卷，《所訂表格》一卷。後來又從一萬二千條誤例，分析致誤原因，歸納爲四十二類，選用誤例一千餘條，并結合論述校勘方法，寫成《元典章校補釋例》六卷，亦名《校勘學釋例》。《校補》一書，用元代刻本校元代著作，這是最優越的條件，陳氏能充分利用這新發見的善本，用對校法，認真校沈刻本之誤，使今之《元典章》有一本最近于祖本的完善定本。陳氏《釋例》一書，闡述四種校勘方法之運用，發展了校勘學的理論，其對校勘學之貢獻尤爲顯著。

（三）周祖謨《方言校箋》，科學出版社 1956 年版。

《校箋》以南宋寧宗慶元六年李孟傳刻本爲底本（即《四部叢刊》影印本），參證清代戴震、盧文弨、劉臺拱、王念孫、錢繹各本。作爲參考旁徵的三十餘種，其中有些書是清代人所未見的，如

《原本玉篇殘卷》《玉燭寶典》慧琳《一切經音義》《倭名類聚鈔》、王仁煦《切韻》、《唐韻殘卷》等。周氏對原書的訛文脱字一一訂正,羅常培在該書的序文中説:"實在不愧是'後出轉精'的定本。"

(四)王重民等編《敦煌變文集》,人民文學出版社1957年版。

這是敦煌變文的第一部較全的校印本。該書的主要工作在搜輯、迻録、校勘三個方面。這個集子是從二萬多件敦煌寫卷中檢出一百八十八個變文寫卷,再從中校定成現在的七十八篇變文,根據不同内容,分成三卷,這是第一步搜輯的工作。敦煌卷子是寫本,抄寫者限於文化水準,字跡潦草,有大量的錯字、别字、俗字,再以時間久遠,有殘闕、模糊不清的,所以忠實地迻録底卷,也是一項繁重的工作。這個集子的校勘,也就集中在校正誤字,俗體字,設法補上闕文。凡同一内容有幾個寫本的,多用對校,極大部分是只有一個寫本,那只能用本校和理校,都保存原字,并出校記。

據該書《叙例》説:"編者六人,每篇變文由一人負責迻録,由其餘五人傳觀傳校,提供意見,最後由迻録人總記於校記之内。故每篇後均記迻録者姓氏,以示負責。"可見編者的慎重其事。由于這是敦煌變文的第一個校印本,不可能完美無缺,必然還有未校或失校之處。《文集》出版以後,有許多學者有所補正。不久的將來,會在這本《變文集》的基礎上,彙集各家所校,加上注釋,産生一本比較完善的校釋本。

(五)張友鶴輯《聊齋志異》三會本(會校、會注、會評),中華書局 1962 年版。

三會本以蒲氏手稿本及鑄雪齋抄本爲底本。蒲氏手稿本於解放後發現，雖只存一半，但不失爲最可珍貴的本子，該書已由文學古籍刊行社影印出版。手稿所缺部分以鑄雪齋抄本爲底本。校本有乾隆黄炎熙選抄本、乾隆青柯亭刻本、乾隆王金範刻本等十幾種本子。有詳細校記，這是目前較完善的本子。

（六）《紅樓夢》，中國藝術研究院紅樓夢研究所校注本，人民文學出版社 1982 年版。

該書以《脂硯齋重評石頭記庚辰秋月定本》爲底本。以下列各脂評本，抄本及程甲、乙本爲參校本：

（1）乾隆甲戌脂硯齋重評本

（2）乾隆己卯冬月脂硯齋四閱評本

（3）蒙古王府本

（4）戚蓼生序有正書局石印本

（5）戚蓼生序南京圖書館藏本

（6）乾隆甲辰夢覺主人序本

（7）乾隆己酉舒元煒序本

（8）鄭振鐸藏本

（9）《紅樓夢稿》本

（10）乾隆辛亥程偉元初排活字本（程甲本）

（11）乾隆壬子程偉元第二次排活字本（程乙本）

凡屬底本明顯的衍奪訛舛者，據參校本增删改乙，凡改動底本之處，均作出校記，凡底本文字可通者，悉仍其舊。

這個校本用庚辰本爲底本是可取的，因爲庚辰本是諸本中抄得較早而又比較完整的一種，它雖然有少量殘缺，但保存了原稿的面貌，未經後人修飾增補。該校注本用了十餘種本子參校，凡是目前能見到的重要本子都搜集到了，在這一點上，該書就勝過了以前的校本。

（七）余嘉錫《世説新語箋疏》，中華書局 1983 年版。

該書以王先謙重刊紛欣閣本爲底本，紛欣閣本系清道光間周心如用明嘉靖袁褧嘉趣堂本重雕，而袁本據宋陸游刻本重雕。今再用日本藏唐寫本《世説新語》殘卷、日本《尊經閣叢刊》影宋本、袁本、沈寶硯本對校，有校記。日本唐寫本，羅振玉曾影印，此殘卷僅存《規箴》《捷悟》《夙慧》《豪爽》幾篇，文字勝於宋本。唐寫本及日本影宋本均爲前人未見的新資料。余氏爲當代目録學、校勘學專家，再掌握這些新資料進行校勘，該書宜爲目前最完善的校本。

（八）張錫厚《王梵志詩校輯》，中華書局 1983 年版。

唐代詩人王梵志的詩集早已散佚，在唐宋人的詩話筆記中偶有引到，清代編《全唐詩》也没有收王梵志的詩。在敦煌遺書中發現王梵志詩的寫卷，才引起學者注意。1925 年劉復《敦煌掇瑣》和 1935 年鄭振鐸《世界文庫》裏收録了一些王梵志的詩，但都是不全的。隨着敦煌學研究的深入，現在已經發現敦煌遺書中王梵志詩共有二十八種，可見王梵志詩在當時民間影響之大。張錫厚的《校輯》，就是依據敦煌二十八種不同寫本以及散見於唐宋詩話筆記内的佚詩，經過鈎沉輯佚、校勘考釋，編輯而成的，凡六卷，三三六首。像這樣系統地從敦煌遺書中整理出詩人的全集，在目前還是不多見的。但因敦煌寫卷誤字俗字較多，張氏《校輯》尚有失校誤校之處，可參看項楚《〈王梵志詩校輯〉匡補》。[①]

（九）孫欽善《高適集校注》，上海古籍出版社 1984 年版。

該校注本以明覆宋刻本《高常詩集》十卷本爲底本，校本有清影宋抄本十卷本，明銅活字八卷本，明張遜業輯校、黄埻刻《十二家唐詩》中《高常侍集》二卷本，敦煌寫本殘卷《高適詩集》（四十八首），敦煌殘卷《詩選》本（五十餘首）。這些敦煌寫本，雖不完整，但保存了最早的版本，具有極高的補遺和校勘價值。這個校注本是目前《高適集》最完善的校本。

（十）季羡林等《大唐西域記校注》，中華書局 1985 年版。

該書以日本京都帝國大學文科大學校印出版的《高麗新藏本》（1236）爲底本，這是目前所見最早而且首尾完整的刊本。校勘所用的本子有十幾種，其中最主要的，如《敦煌甲本》殘本（倫敦博物院藏）、《敦煌乙本》殘卷（巴黎國民圖書館藏）、北宋崇寧二年福州等覺禪院刊本殘本（北京大學圖書館藏）等。

據該書《校勘例言》云："校勘參酌諸本，擇善而從，不盡拘囿於底本，改字之處，必説明原本作某，從某本改，以便覆核。不能作決定者，則并存異文。異文顯著謬誤者，擯棄不録。"

《大唐西域記》是研究中亞、南亞地區古代史、宗教史、中外關係史的重要文獻，是一部稀世的奇書。我國過去由於條件的限制，對這部書的研究是很不够的，所以今天對《大唐西域記》進行校勘、注釋，確是一項繁重的工作。該《校注》本由許多專家分

---

① 項楚：《〈王梵志詩校輯〉匡補》，《中華文史論叢》1985 年第 1 輯。

工合作負責，參考了大量的中外文資料，從1977年開始到1985年才告完成。這是目前最好的一本校注本，從校勘學的角度來説，是近年來一項重要的成果。

1981年5月、7月，陳雲同志曾先後兩次指示要把古籍整理抓緊抓好。同年9月，中共中央發出《關於整理我國的古籍的指示》，國務院組織了古籍整理出版規劃小組，提出了古籍整理出版九年規劃。現在已將規劃中規定的項目，分頭落實到單位或個人。全國各高等院校也積極開展古籍整理工作，爲了培養專門人才，有的院校設古文獻整理研究所。可以預期，我國古籍整理工作，將以空前的規模有計劃有步驟地進行。校勘工作以及校勘學研究，也必將隨着古籍整理事業的發展而更深入地發展。

後　記

一九八五年秋，爲古文獻專業研究生講授校勘學。隨講隨寫，後經整理修改，寫成這本書。校勘學不是一門理論學科，實是一門綜合性的應用學科。所以本書儘量結合當前整理古籍的實際，多引用一些古今學者校勘的實例，以及前人的寶貴經驗之談；着重説明校勘的各種物件，以及各種校勘方法的運用。這樣，或許對讀者進行校勘實踐會有些幫助。但限於作者的水準，錯誤必多。希望得到專家、讀者的指正，以便繼續修改。在編寫中多蒙好幾位同志提供資料，核對引文，幫助抄寫，非常感激，在此謹表謝忱。

錢　玄

一九八六年五月於南京師範大學